臺灣歷史與文化 研究輯刊

六 編

第 3 冊

日本「吞併琉球」與出兵侵臺關係探析（上）

李 理 著

花木蘭文化出版社

國家圖書館出版品預行編目資料

日本「吞併琉球」與出兵侵臺關係探析（上）／李理 著 -- 初
版 -- 新北市：花木蘭文化出版社，2014〔民 103〕
序 10+ 目 4+162 面；19×26 公分
（臺灣歷史與文化研究輯刊 六編；第 3 冊）
ISBN 978-986-322-947-6（精裝）
1.外交史　2.中日關係
733.08　　　　　　　　　　　　　　　　　　103015082

ISBN-978-986-322-947-6

臺灣歷史與文化研究輯刊

六　編　第三冊　　　　　ISBN：978-986-322-947-6

日本「吞併琉球」與出兵侵臺關係探析（上）

作　　者　李 理
總 編 輯　杜潔祥
副總編輯　楊嘉樂
編　　輯　許郁翎
出　　版　花木蘭文化出版社
社　　長　高小娟
聯絡地址　235 新北市中和區中安街七二號十三樓
　　　　　電話：02-2923-1455／傳真：02-2923-1452
網　　址　http://www.huamulan.tw 信箱 hml810518@gmail.com
印　　刷　普羅文化出版廣告事業
初　　版　2014 年 9 月
定　　價　六編 21 冊（精裝）新台幣 42,000 元

日本「吞併琉球」與出兵侵臺關係探析(上)

李　理　著

作者簡介

李理，歷史學博士。現任中國社會科學院近代史研究所臺灣史研究室副研究員、韓國鮮文大學教養學部客座教授。曾留學於日本中央大學，多次到臺灣各大學訪問。出版《日本近代對釣魚島的非法調查及竊取》、《日本各界人士對日本尖閣列島主張的反駁》、《日本館藏釣魚島文獻考纂 1885～1895》、《教育改造與改造教育──教育部審定高中臺灣史課程綱要及教科書研究》、《另一視角看臺灣史》等專著、譯著，並公開發表學術論文幾十篇。

提　　要

　　1609 年薩摩入侵琉球後，琉球兩屬中國與日本，日本控制了琉球貿易經濟，故與日本薩摩藩除了有政治意義上的「朝貢」關係外，還有更深刻的經濟關係，故在「廢藩置縣」的同時，就有吞併琉球的所謂「琉球處分」的出臺。日本在出臺了「吞併琉球」計劃之時，必須解決的首要問題為琉球與中國的「關係」。正當日本無計可施之時，發生了「琉球漂流民事件」。日本並沒有想到利用此事件，而是在天津的美國駐華公使威妥士向在清出差的柳原前光建議後，才開啓了日本政府利用「漂流民事件」的新思路。而美國駐日本大使德朗亦積極參與，並向日本政府介紹了美國人「臺灣通」李仙得。沒有李仙得提出的一系列「覺書」及各種參考意見，或許日本不敢輕易出兵臺灣。從日本「征臺」的起源，到最後中日媾和「條約」的互換，李仙得的積極參與都起了很大的作用，李仙得也被日本著名思想家吉野作造稱為「日本外交的恩人」。日本巧妙地利用了李仙得的蕃地所屬論及「征臺」策略，儘管未能達到佔領臺灣的目的，但卻實現了結束琉球兩屬關係，使中國承認琉球為日本所屬的目的，為最終吞併琉球創造了條件。

序　言

　　「琉球」歷史上爲東亞的一個古國，地理上位於今天的琉球群島。該群島分佈在臺灣島東北和日本九州島西南之間的海面，包括先島諸島、大東諸島、沖繩諸島、奄美諸島、吐噶喇諸島、大隅諸島等六組島嶼。

　　根據學術界的研究，「琉球」之名，最早見於《隋書》卷八十一‧列傳第四十六《東夷傳》。但《隋書》中所說的「琉求國」，是指古琉球國還是指古臺灣，學界沒有定論。根據何慈毅的研究，由於《隋書》中曾記載，在隋大業四年，朱寬遠征琉球歸來時，適逢倭國使者來朝，使者見其從琉球帶回的物品，便告之「此夷邪久國人所用也。」「邪久」與《日本書記》中記載的「掖玖」發音上相同，推斷《隋書》中所說的「琉求國」，極可能就是歷史上的「琉球國」。〔註1〕

　　琉球的歷史，大致可分爲「先史時代」、「古琉球」和「近世琉球」三個時代。〔註2〕琉球的先史時代包括十二世紀的舊石器時代和貝冢時代。十二世紀初，被稱爲「按司」或「世主」的首領紛紛築城寨相互對立，史稱山寨割據時代。十四世紀，以沖繩島爲中心，浦添按司佔據首里（今那霸市）一帶，稱「中山王」；大里按司佔據南部地區，稱「山南王」；今歸仁按司佔領北部地區，稱「山北王」，史稱「三山時代」。

一、琉球歷史上與中日兩國的關係

　　中國與琉球藩屬關係的建立，起始於「三山時代」。根據《明實錄》的記載，1372年（洪武五年），中山王察度應明太祖之詔諭，派遣其弟進貢明太祖。

〔註1〕 何慈毅，《明清時期琉球日本關係史》，江蘇古籍出版社，2002年版，第2頁。
〔註2〕 何慈毅，《明清時期琉球日本關係史》，江蘇古籍出版社，2002年版，第3頁。

此後琉球各王都定期向明朝貢。1380 年，山南王承察度開始向明朝貢。1383 年，山北王帕尼芝，也相繼赴明朝貢。這樣琉球的三位王，都與明朝建立了朝貢關係。琉球三王之所以都願意與明朝建立朝貢關係，主要是希望得到明王朝的認可，以圖在三強爭霸中取得優勢，最後山南王逐漸占據上風。1404 年時，明王朝將其冊封爲「琉球國中山王」。

1406 年（明永樂四年），山南的尚巴志推翻中山王武寧，立自己的父親尚思紹爲中山王，並成功地得到明帝的冊封。1416 年（明永樂十四年），滅山北王攀安知，1429 年滅山南王他魯每，終於統一了琉球，開創第一尚氏王朝，定都首里。

從以上內容來看，早在明朝時期，琉球就正式與中國建立了冊封朝貢關係。尚巴志統一琉球後，「琉球國中山王」便成爲整個琉球群島統治者的稱號。1469 年（明成化五年），國王尚德死後，權臣金丸篡位，自稱尚德世子，名尚圓，開創第二尚氏王朝。第二尚氏王朝前期，是琉球王國飛速發展的時期。特別是第三代國王尚眞統治時，無論是在政治制度上，還是在經濟及宗教文化等，都達到空前繁榮。此後琉球與明、清兩朝的宗屬關係也一直持續著。根據《明史》記載，琉球向明朝朝貢次數遠遠超過亞洲其他藩屬國，經常列於朝貢國序列前三位，其往來的密切程度，也體現在 500 年中琉關係的大量的歷史文獻和研究著作中。

由於地緣地理上的原因，琉球與日本在很早就保持着密切的聯繫。日本對琉球的最早記載爲《日本書記》。但根據何慈毅的研究，十五到十六世紀時，琉球與日本的關係，基本是對等的關係。〔註3〕到了豐臣秀吉時期，豐臣秀吉堅持以「日本國關白」這一日本官職的名義，向琉球及海外諸國致書，以此

〔註3〕 何慈毅研究認爲，至少琉球國方面對同處明朝冊封體系中的日本國要求保持對等關係，故使用大明年號及大明皇帝所賜封號致書日本。琉球王國在統一之後，國王致日本方面的書信大致採用「疏」的格式，即駢儷文體的漢文。而「疏」本身並沒有「下意上達」的涵義，歷史上在中國一般指親朋好友、群臣之間私相來往的書信，而在日本則主要是指禪僧所作的漢詩文或與外國往來的漢文信件。日本室町幕府也很尊重琉球王國在明朝冊封體系中的地位。儘管室町將軍致琉球國王書以日本假名書寫，並採用了將軍在日本國內處理私人事務所用的御內書格式，但這並不能成爲所謂兩者之間存在著「半是外國半是家臣」的「上下關係」的證據。相反，結束用語的不同，年號的使用及「德有鄰」印章的使用，反映了室町幕府視琉球國爲親善交鄰對象國。何慈毅，《明清時期琉球日本關係史》，第 32～33 頁。

表明其脫離中國明朝冊封體系的立場。並稱琉球國王爲「閣下」，以示日本國超然其上的地位，但實際上琉球與日本的關係並沒有改變，琉球國仍一如既往地與日本是對等的關係。

1609 年，情況發生了重大的變化，日本的薩摩藩侵入琉球。薩摩藩主島津在征服琉球之後，即派出奉行 14 人及隨從 168 人進駐到琉球，對琉球及其島嶼的土地進行丈量。規定琉球國王的領地爲 89086 石，限定其中的 50000 石爲國王直轄領地。另外島津還將琉球國王尙寧，以及官員百餘人作爲俘虜帶回日本，並將琉球國北方的鬼界島、德之島、大島、永良部島、興論島等五島嶼，據爲島津家族的私有領地，使琉球的主權受到嚴重侵害，一部分領土被侵吞。

薩摩藩的入侵給琉球帶來了巨大的災難，成爲琉球歷史上重要的轉折點。從此，琉球實際上陷於中日「兩屬」境地，即一方面琉球仍然延續着對宗主國的朝貢關係，是中國的藩屬國；另一方面琉球在政治、經濟、社會、文化等方面，逐漸被日本薩摩藩實際控制，成爲薩摩藩的附庸。故從歷史學上琉球的近世，是指從 1609 年日本薩摩藩入侵琉球，到 1879 年日本明治政府宣布琉球廢藩置縣，實際吞併琉球，完成所謂「琉球處分」，琉球從歷史中消亡的這段歷史。

而所謂的「琉球處分」，是海外學者、主要是日本學者，對日本吞併琉球的一系列政策及過程的概括用語，如金城正篤《琉球處分論》所言「在明治政府主導的，將沖繩強行併入的一系列的政治過程。這個過程以 1872 年『琉球藩』的設立爲開始，到 1879 年『沖繩縣』設置，及翌年『分島問題』的發生及終結，前後長達九年。這時期在沖繩近代史上，爲琉球處分時期。」〔註4〕

如金城正篤所言，「琉球處分」是將「沖繩」強行併入日本的過程。這種解釋，就將歷史上一個特別的國家「琉球」省略掉。1879 年以前，所謂的「沖繩」是不存在的。那麼日本學者這個對「琉球處分」的解釋，可能是出於戰後，國際學術界批判日本軍國主義，將日本吞併琉球這一歷史事件，作爲日本軍國主義的開端有一定關係。故有意將明治政府吞併琉球的事實，說成是對「沖繩」的併入，並以「琉球處分」這樣近於中性的語詞，作爲對這一歷史事件的概括。既然日本學者承認這一系列過程爲「強行併入」，且「處分」的對象「沖繩」屬於偷換概念，不符合歷史事實。筆者認爲，日本對琉球實

〔註4〕金城正篤，《琉球處分論》，沖繩タイムス社，1978 年，第 3 頁。

施吞併的一系列政策及過程，稱之為「吞併琉球」更為合適，故筆者將在文中使用「吞併琉球」這樣的用語。

日本學界將「吞併琉球」分為三個階段（時期），第一階段為琉球藩設置及出兵臺灣時期，時間上為 1872 年～1874 年；第二階段「廢藩置縣」，時間為 1875 年～1879 年；第三階段為分島問題，時間上為 1880 年。

本研究主要集中在「琉球吞併」的第一個階段。此階段的日本明治政府，因「廢藩置縣」萌生了吞併整個琉球王國的想法。但要想實施此行動，必須先釐清琉球與中國的關係。在無計可施之時，美國人提醒可藉口琉球宮古島民的難船事件。在美國人的大力幫助下，出兵欲殖民中國臺灣番〔註5〕地，並釐清琉球與中國所屬關係的「一石二鳥」計劃形成。

日本政府為出兵侵略臺灣，緊急地設置了琉球藩，使本為獨立國家的琉球，以「藩」的形式，成為日本明治政府的附庸，並將「琉球國」與歐美諸國締結的條約，轉歸到明治政府的外務省，剝奪停止其外交權，由此而向內外明示琉球的日本所屬，以獲得將被殺害的琉球民，作為日本國民，來進行復仇性出兵臺灣的理論根據。

日本政府出兵臺灣，開出一條血路，將琉球一廂情願地納入到日本的版圖，同時對琉球實施所謂的恩惠措施，沒有使明治政府與琉球王府之間的矛盾及緊張關係浮出水面。而在此階段，日本有意在前期拋出所謂臺灣番地所屬之疑問，避開琉球的所屬問題，使「琉球」並未出現在日清的外交層面。故出兵中國臺灣，對日本吞併琉球起了關鍵的作用。

日本利用與清政府簽訂《北京專約》，將琉球的歸屬隱含在其中。而日本利用隱含着的琉球屬於日本意味的條文，作為封堵中國此後對日本吞併琉球可能進行干涉的證據。

可以說近代東亞地區的形勢變化過程，從某種意義上說就是中日兩國進行博弈的過程。1871 年日本發起的「琉球吞併」案，直接引發了 1874 年的「出兵臺灣」，而中日兩國所簽訂的《北京專約》，又成為日本吞併琉球的國際法依據。中日雙方主要圍繞著「琉球吞併」、「出兵臺灣」等的頻繁交涉，不斷

〔註 5〕 對臺灣以土牛線所劃的「原住民」居住地區，清政府及美國等稱呼時使用的文字為「番」，故有番地、番民之說法；日本則使用「蕃」，這個「蕃」字帶有蔑視臺灣原住民為「野蠻」之意，故日本人說臺灣原住民地區及人民時，則稱為「蕃地、蕃民」。本書中凡中國及美國涉及此語時，使用「番」字，日本論及此語時，則使用「蕃」字。

調整各自的政策，這對此後的近代東亞地區形勢及中日兩國的國家關係都產生了深刻的影響。

二、相關研究的現狀及存在的問題

目前還沒有就日本「吞併琉球」及出兵侵略臺灣二個歷史問題結合起來進行專題具體研究的專著。臺灣學者藤井志津枝在《近代中日關係史源起》（金禾出版社 1992 年版）曾提出日本「吞併琉球」計劃，是出兵侵略臺灣的源起原因的觀點，主要對日本出兵侵略臺灣的歷史事實進行了較爲深入的專題研究。但就日本「吞併琉球」的歷史，沒有進行具體的研究，特別是對日本「吞併琉球」具體計劃的出臺、日本吞併琉球計劃的具體實施並沒有做更深入的研究。

大陸對此問題主要集中在對琉球問題整體研究方面，例如福建師範大學謝必震教授所著的《中國與琉球》（廈門大學出版社 1996 年版），充分利用第一手史料，圍繞中琉 500 年的友好往來，全面考察了琉球各個方面的情況，幾乎覆蓋琉球歷史上所有的重大事件，特別是詳細考證論述了清末「琉案」。南開大學米慶余教授著有《琉球歷史研究》（天津人民出版社出版 1998 年版），全面描述了琉球王國的興衰歷史，同時深刻分析了中、日、琉三國數百年來的關係。何慈毅的《明清時期琉球日本關係史》（江蘇古籍出版社 2002版），對明清時期琉日關係進行了專門的考證和論述，書中對大量的史料進行了極具說服力的分析，並據此提出了很多可信的觀點。以上三部著作中，米慶餘對日本「吞併琉球」計劃出臺等有過論及且較爲詳細客觀，但主要使用《明治文化資料叢書》及《日本外交文書》等資料，沒有使用原始檔案。另外，米慶餘對日本具體實施吞併琉球的行動，並沒有進行更爲具體深入的研究。

臺灣方面的相關研究專著有：張啓雄的《琉球認同與歸屬論爭》（中央研究院東北亞區域研究，2001 年）、楊仲揆的《琉球古今談：兼論釣魚臺問題》（臺灣商務，1990 年）、宋漱石撰的《琉球歸屬問題》（中央文物供應社，1954年）、胡煥庸撰的《臺灣與琉球》（京華出版社，1945 年）、蔡璋撰的《琉球亡國史譚》（正中出版，1951 年）等。這其中楊仲揆的《琉球古今談——兼論釣魚島問題》（臺灣商務印書館 1990 年版），用翔實的史料展示了古琉球的社會風貌，對琉球的歷史和釣魚島問題作了考證，是研究琉球問題的重要參考著

作。但這些著作對日本「吞併琉球」的出臺及實施的歷史過程並沒有更爲深入的研究。

　　大陸方面的碩士論文主要有黃世坤的《近代日本與華夷秩序的崩潰》，西安交通大學，2003 年。黃俊華的《李鴻章與晚清宗藩體制的瓦解》，河南大學，2004 年。賀琤的《「琉球事件」中的中國社會關於宗藩體制的輿論》，東北師範大學，2004 年。王營的《日本吞併琉球與清代中琉宗藩關係的終結》，東北師範大學，2006 年。王宮的《日本吞併琉球與清代中琉宗藩關係的終結》，東北師範大學，2006 年。吳艷的《論清政府對日本佔領琉球的反應過程，山東大學，2007 年。孟繁業的《清乾隆朝中琉漂風海難救助研究》，暨南大學，2008 年。姜秉國的《「琉球事件」與近代中日相互認識和博弈》，中國海洋大學，2008 年，朱思期的《難船救助與紛爭》，東北師範大學，2008 年。林希的《琉案與近代亞洲格局的演變》，福建師範大學，2008 年。王鑫的《從琉球法律地位歷史變遷的角度透析釣魚島爭端》，中國政法大學，2010 年。

　　臺灣方面的碩士論文有楊雅芳的《日本對外擴張思潮的理論與實踐──以琉球合併爲中心》，輔仁大學日本語文學系，2006 年。陳翼漢的《歷史事件、意義與史迹之探討：以臺灣事件及琉球藩民墓爲例》，雲林科技大學文化資產維護研究所碩士班，2002 年。仲宗根良治的《1879 年日本併吞琉球與琉案交涉》，中興大學歷史學系所，2001 年。楊傳國的《日本「收回」琉球交涉之研究》，中國文化大學政治學研究所，1999 年。蘇志誠的《日並琉球與中日琉案交涉》，國立臺灣師範大學歷史研究所，1982 年。郭重鐸的《日本對琉球之同化政策》，文化大學日本研究所，1982 年。赤嶺守的《光緒初年琉球與中日兩國之關係》，國立臺灣大學歷史研究所，1982 年。端木琳的《李鴻章與琉球問題（1877～1882）》，國立政治大學歷史研究所，1981 年。鄭建雄的《清季中日琉球交涉始末之研究》，文化大學政治學系，1868 年。

　　關於「琉球事件」的研究和相關的論文主要有：張先清、謝必震《清代臺灣與琉球關係考》（《中國社會經濟史研究》1998 年第 1 期），米慶餘《琉球漂民事件與日軍入侵臺灣（1871～1874）》（《歷史研究》1999 年第 1 期），賴正維《「球案」與近代中日關係》（《福建師範大學學報》1996 年第 3 期），殷敦新《從琉球群島的喪失看清政府的外交策略》（《鎮江師專學報》1994 年第 3 期），戚其章的《日本吞併琉球與中日關於琉案的交涉》（《濟南教育學院學報》2000 年第 5 期），李良玉的《侵臺戰爭與吞併琉球──近代日本「大陸政

策」的初步形成》（阜陽師院學報 1999 年第 4 期），司德坤、劉文龍的《日本
吞併琉球始末》（太原師範專科學校學報 1999 年第 2 期），楊彥杰的《臺灣歷
史上的琉球難民遭風案》（《福建論壇（人文社會科學版）》2001 年第 3 期），
趙東明的《略論清政府在 1874 年日本侵臺事件中對琉球主權處理的失誤》（《錦
州師範學院學報（哲學社會科學版）》2002 年第 4 期）。馬鈺的《日本吞併琉
球與清政府對日交涉》（《文史精華》2002 年第 8 期），范春昕的《地緣政治視
野下的琉球交涉》（《三明學院學報》2006 年 9 月第 23 卷第 3 期），王海濱的
《琉球問題的演變和沖繩問題的產生》（《日本學刊》2006 年第 2 期），王瑛的
《李鴻章與琉球宗主權的喪失》（《雲夢學刊》2006 年 1 月第 27 卷第 1 期），
王瑛的《格蘭特調停中日琉球爭端：李鴻章居間調處法的典型運用》（雲夢學
刊，2010 年第 6 期）。錢文華的《清政府弱化琉球宗主權的歷史考察》（《中國
邊疆史地研究》2006 年 6 月 316 卷第 2 期）等研究文章。這些論文，就日本
實施「吞併琉球」及出兵侵略臺灣的歷史的發生、經過、中日雙方的應對等
具體小專題進行了研究，分析了部分史料，提出了一些有見地有價值的觀點，
但由於文章較短，難以對二大歷史事件對琉球、中國、日本、臺灣及整個東
亞的歷史所產生的影響，進行具體的研究。另外，不論是大陸學者還是臺灣
學者，都有沿用並使用日本學者相關研究的歷史用語的誤區存在。

　　日本方面研究琉球問題的學者有被稱爲「沖繩學之父」的伊波普猷，以
及下村富士男、宮城榮昌、大城立裕、金城正篤、高良倉吉、西里喜行、赤
嶺守、渡邊美季等。這些學者在琉球問題研究中提出了很多有意義的課題，
推出了很多研究成果，但有些學者提出的觀點值得商榷。

　　對於日本吞併琉球的策劃及過程，日本一般通稱爲「琉球處分」。而對日
本侵臺事件，則有「牡丹社事件」、「臺灣事件」、「宮古島民臺灣遇害事件」、
「臺灣遇害事件」、「琉球漁民殺害事件」及「臺灣出兵」等說法。而筆者認
爲上述說法都不太符合歷史史實，亦有人云亦云之嫌。

　　首先、就「琉球處分」說法而言，除前述的觀點外，從另外的視角來看，
基本上是從日本人的立場或史觀來概括的，其「處分」本身就是含有「領有
琉球」之意，其潛在包涵著「琉球」本爲日本傳統的權益，只是改變爲「近
代」的形式，不包括任何侵略意味。而在此意下延伸出來的「侵臺事件」，改
變爲「蕃地無主論」，故而要「佔領臺灣」，而出兵臺灣的侵略行爲就變爲「不
侵略中國」的行爲。

　　其次、就「牡丹社事件」，筆者也認爲用詞不夠準確。因琉球漂流民在臺

灣遇害的地點，為臺灣東南部高士佛社、牡丹社、竹社之交界處，故將此事件冠名為「牡丹社事件」，並不十分貼切。另外，「牡丹社事件」之說法，也有將日本出兵侵略臺灣之原因，歸為臺灣原住民「牡丹社」之殺害事件，這把出兵侵略的責任推給臺灣原住民，藉以消解日本「侵略」之目的。

「臺灣事件」、「臺灣遇害事件」等說法，本來就是日本人的說法。這種說法有將日本「吞併琉球」而引發的「侵略臺灣」的歷史過程，全部暗晦隱藏起來的嫌疑。筆者以為「臺灣事件」的說法，無法準確道出這一歷史史實的本質，故建議中國學者應盡量不去使用。另外「臺灣遇害事件」，也是將出兵侵略臺灣的責任推卸給臺灣原住民的一種說法，故其也存在著有意隱匿日本「吞併琉球」而出兵侵略臺灣的實質。

「宮古島民臺灣遇害事件」、「琉球漁民殺害事件」之說法，更是日本史學界有意將「宮古島民」或「琉球漁民」作為「日本國民」的說辭，筆者以為，也是為掩蓋「吞併琉球」及侵略臺灣的說法。「宮古島」本為「琉球國」之「山南之地」。那麼「宮古島民」、「琉球漁民」與日本沒有任何關係。

「臺灣出兵」的說法更是模糊的說法。日本侵臺出兵的主角是日本，而此種說法，似乎是「臺灣」出兵到某地。

通過以上分析，筆者竊以為中國的學者，應對這些大歷史事件使用自己的用語，並提出以下建議：

首先、將日本近代對「琉球國」的「非法領有」過程，使用「吞併琉球」或者「併吞琉球」，更符合歷史事實。

對成為日本出兵侵略臺灣的琉球漂流民事件，使用「1871 年琉球山原號難船事件」。

第三、對日本為釐清中琉關係而出兵中國臺灣，使用「1874 年日本侵臺事件」。

三、研究方法及創新

筆者在研究方法上以唯物史觀為指導，以搜集與考訂材料的「考據」方法，對歷史上日本「吞併琉球」與出兵侵略中國領土臺灣的關係、及與「琉球」有千絲萬縷聯繫的「釣魚島」的歷史所屬進行探析。

首先、以大量的原始檔案，還原日本明治維新後所面臨的，所謂由「薩摩藩」而來的沖繩縣，在「廢藩置縣」過程中必須處理早已經占據的「琉球

國」的「五個島嶼」與既得的「琉球經濟利益」的歷史事實。因爲經濟發展是歷史發展的主線，經濟基礎決定上層建築，上層建築反作用於經濟基礎。自 1609 年薩摩入侵略琉球後，琉球二屬於中國與日本。而日本控制了琉球貿易經濟，故與日本薩摩藩除有政治意義上的「朝貢」關係，更有深刻的經濟關係，這才是日本「吞併琉球」的眞正源頭。

根據大量原始檔案所呈現的日本「吞併琉球」歷史事件的發展脈絡中，由於偶發的「琉球漂流民臺灣遇害事件」，引起了質的變化。而這一變化不是來自於剛剛維新的日本內部，乃是來自百年來一直在背後支持日本的美國。

但筆者也不認同一些學者將日本「吞併琉球」的初始計劃出臺及實施，解釋爲「日本軍國主義」源起的說法。「吞併琉球」是源於原薩摩藩佔領琉球國的「北方五島」及控制琉球的貿易經濟權。而琉球問題成爲在日本明治維新建立近代國家、由薩摩藩成爲「鹿兒島縣」時，所必須面對解決的大問題，故在「廢藩置縣」的同時，就有「吞併琉球」計劃的出臺。

第二、日本近代對外殖民擴張及軍國主義的源起，起始於美國人對日本人的建言建議中。正是因爲美國公使威妥士、駐日大使德朗及駐廈門公使李仙得的參與及各種建議，日本才有了出兵侵略臺灣的行動。資料證明，當「琉球漂流民事件」發生後，日本並沒有利用其想法，而是在天津的美國公使威妥士向在清出差的柳原前光建議後，才開啓了日本政府欲利用「漂流民事件」的思路，而美國駐日大使德朗亦積極參與，並向日本政府介紹了「臺灣通」李仙得。

而李仙得的參與建言，使日本得到出兵侵略臺灣進而釐清中琉關係的新思路。沒有李仙得提出的一系列「覺書」及各種參考意見，或許日本不敢輕易出兵臺灣。從日本「征臺」的起源，到最後中日媾和「條約」的互換，李仙得的積極參與，起了很大的作用，李仙得也被日本著名思想家吉野作造稱爲「日本外交的恩人」〔註6〕。

日本巧妙地利用了李仙得的番地所屬論及其「征臺」策略，儘管並未能達到佔領臺灣的目的，但卻實現了斷絕琉球兩屬關係，使中國承認琉球爲日本所屬的目的，爲佔有琉球創造了條件。

而威妥士、德朗及李仙得都不是普通的美國人，他們的背後都有美國政

〔註 6〕 吉野作造：《日本外交の恩人將軍李仙得》，《明治文化研究》1927 年 7、8 月號。

府的影子。故筆者竊以爲，日本自明治維新以來的北起樺太，南到臺灣，由一連串島嶼完成對中國的半月形包圍，控制朝鮮和滿洲、據有臺灣的整個「大陸政策」的源起，大部分來自於美國人建言建議，而其對臺出兵及吞併琉球，也都有美國人的參與支持，這是學術界以前所沒有特別關注的。

日本出兵侵略臺灣，釐清了中國與「琉球」的關係，爲 1879 年正式吞併琉球做了先期準備。而 1879 年中日之間就琉球進行交涉時的領土交涉，由於「分島案」的提出，日本就「宮古及八重群島」進行特別的指定，根本沒有涉及到釣魚島。這也有助於說明歷史上釣魚島及附屬島嶼，與「琉球國」沒有關係，它是作爲中琉航線上的航標指針而存在的中國領土。日本最早於 1885 年第一次提出在釣魚島上建立國標，第二次提出是在 1890 年，由於日本政府知曉釣魚島爲「清國屬地」，所以懾於清政府的壓力，在 1885 年及 1990 年建立「國標」問題上，日本未予決議，但日本政府以所謂「無人島」取代「無主地」概念，持續尋求將釣魚島編入日本版圖的機會。故此項目的研究內容，也可以更好地證明在歷史上「釣魚島及附屬島嶼」，與歷史上的「琉琉國」沒有任何關係，它是中國臺灣的附屬島嶼，是中國神聖不可分割的領土。

李　理

2013 年 10 月 30 日於臺北水源路 91 號

目

次

第一章 琉球國與日本薩摩藩的異常 關係

　　琉球王國所在琉球群島，處於中國與日本兩國之間，分為 36 島，北部 9 島，中部 11 島，南部 16 島，是一個典型的群島國家。1372 年，明太祖朱元璋派行者楊載，以即位建元詔告其國。琉球王察度派遣其弟泰期來華，朝貢方物，上表稱臣。朱元璋賞賜有差，並賜《大統曆》。從此琉球遵奉明朝正朔，每隔年遣使朝貢以為常例。明代冊封使陳侃在《使琉球錄》（1534 年）中，對中琉之間的藩屬關係有過詳細的記述：「琉球國，在泉州之東，自福州視之，則在東北。是以，去必孟夏，來必季秋，乘風便也。國無典籍，其沿革不能詳然。隋兵劫之而不服，元使招之而不從。我太祖之有天下也，不加兵而遣使，首效歸附，其忠順之心，無以異於越裳氏矣。」〔註1〕而《日本書紀》、《續日本紀》、《南島志》等日本古籍，也記載了早期琉球與日本的關係。由於地緣上的關係，琉球在歷史上與中國、日本都有著密切的聯繫。

一、琉球國與日本薩摩藩的異常關係

　　1372 年，琉球國中山王接受明太祖朱元璋的冊封成為明王朝的藩屬國。琉球便以對明朝貢貿易為便利條件，積極開展與日本的中轉貿易。當時的幕府也積極配合，並設有「琉球奉行」之職，專門負責對琉球的貿易。後來四

〔註 1〕陳侃：《使琉球錄》（二），商務印書館，1937 年，第 53～54 頁。

強藩之一的薩摩藩〔註2〕，逐漸掌握了對琉球的貿易特權。爲了加強對薩琉之間來往商船的管理，從 1508 年開始，薩摩藩向琉球渡航商船發行「印判」。1566 年後，薩摩藩又加強了對琉球渡航商船的管理，對沒有「印判」的商船採取沒收商品、扣押船隻的嚴格措施。薩摩藩的「印判」制度，實際上是想通過強迫琉球王國接受薩摩藩的制度，進一步控制琉球的海上貿易。

1586 年 7 月，豐臣秀吉出兵討伐薩摩藩，並於 1587 年 5 月平定了九州。戰爭的失敗使薩摩藩陷入經濟危機，不但失去許多土地，且因龐大的軍費支出，使財政不堪重負。薩摩藩地處火山地帶，土地貧瘠，農業不發達，經濟基礎薄弱，與琉球的貿易成爲其經濟的重要來源。故薩摩藩也希望琉球能夠臣服於日本，以達到壓制琉球「服屬」納貢，並稱如果琉球不肯，可用兵征服。1588 年 8 月，豐臣秀吉通過薩摩藩要求琉球王國臣服日本，1590 年 2 月，薩摩藩遣使赴琉，要求琉球王國向日本朝貢。琉球國王尚寧不想得罪日本，遂向薩摩藩遣使，獻禮修好。

1591 年，豐臣秀吉用兵朝鮮，豐臣秀吉讓島津氏出面，要求琉球出兵，琉球三司官見信後大爲驚愕，並通過明朝商船，將此事告訴中國。雖然此次對琉球王的「改易」沒有成功，但顯示了日本對琉球王的政治支配的強烈欲望。

另外，豐臣秀吉還派島津家征到琉球徵收軍糧，琉球國王負責外交事務的三司官謝名親方利山（又名鄭迴，鄭迴是福建長樂移民鄭肇祚的後裔。1540 年出生於琉球國久米村，其父鄭祿任通事一職。16 歲作爲官生前往明朝，入學國子監達六年之久，歸國後任職於琉球國朝廷，負責管理向明朝朝貢的事務，領浦添間切謝名村地頭。1579 年隨馬良弼赴明朝朝貢。1606 年，57 歲的鄭迴被任命爲三司官，成爲琉球歷史上第一位擁有中國血統的三司官）拒絕了這一要求。豐臣秀吉惱羞成怒，威脅進攻琉球王國。尚寧被迫答應交出一

〔註 2〕 薩摩藩爲日本江戶時代的藩屬地，位於九州西南部，領地包含今日的鹿兒島縣全域（含奄美群島）與宮崎縣的西南部。在德川幕府之前，這裡是薩摩國、大隅國和部分日向國屬地。關原之戰之後成立薩摩藩。江戶時代，和幕府關係親近的大名藩屬在江戶即現在的東京附近，而關係越疏遠的其屬地就離江戶越遠。薩摩藩位於日本四島的最西，與幕府的關係可想而知。是故其青年武士階層推動革新，與附近的長州藩的青年武士一起在和西方列強的接觸中發展壯大，被稱爲強藩。幕末時期，薩摩藩等強藩組成倒幕聯盟，主張廢除幕府，還政於天皇。在明治天皇掌握政權之後，日本內閣的大多數閣員出身於長州藩和薩摩藩。

半糧餉，剩餘部分薩摩藩提出願爲墊付，但要求日後償還。琉球王國答應了薩摩藩的要求。這樣，琉球王國就欠下薩摩藩一筆債，而討債也成爲薩摩藩入侵琉球的一個藉口。

1597 年，豐臣秀吉第二次遣兵入侵朝鮮，但在中朝聯軍的抗擊之下，侵朝日軍未能達到目的。第二年豐臣秀吉死去，日軍退回國內。而此時中國的明王朝也開始實施嚴格的海禁，禁止對日貿易，日本只得通過南方的薩摩藩與琉球進行的貿易，從東南亞運回海產品和一些奢侈用品，又從琉球與明朝的貿易當中獲得所需要的緊缺物資，從而使琉球的經濟發展非常繁榮。故從琉球與大明貿易上獲得好處，成爲日本財政上不可缺少的財源。

1603 年，德川家康經過「關原之戰」，開啓了幕府政權的大幕。幕府向薩摩藩島津忠恒（義弘之子、後改名家久）頒發「朱印狀」，使薩摩藩獲得了與東亞各地的貿易權。島津家久繼位成爲薩摩藩藩主後，爲克服財政困難，強化權力基礎，開始制定侵略琉球的戰爭計劃。幕府想要佔有琉球與中國貿易的好處，便指示薩摩藩，要求琉球王國向江戶幕府遣使「來聘」，但琉球國王尚寧未予理睬。

1605 年 7 月，德川家康又令平戶藩藩主松浦鎮信派人與琉球王國接觸，要求琉球王國「來聘」，又遭拒絕。幕府便慫恿薩摩對琉球實施控制。薩摩的島津義久、島津義弘與島津忠恒等人，商議計劃入侵琉球北部的大島，但沒有具體實施。但島津義久根據幕府的意見，致書琉球要求來聘，而幕府對島津氏征討琉球作了秘密許諾，甚至爲此免去了薩摩的築城費用。

1606 年，島津家久與薩摩藩重臣商議出兵奄美大島。由於內政問題的困擾，其計劃最初遭到薩摩藩重臣的反對。但是，島津家久堅持己見，上京以「石綱船」建造耗資巨大，薩摩藩財政困難，征服琉球王國可重振薩摩藩的經濟，並可通過琉球王國修復因戰爭斷絕的對明貿易等爲由，最終說服了德川家康。1606 年 6 月 17 日，江戶幕府批准了薩摩藩侵略琉球的戰爭計劃。這樣，島津家久把薩摩藩的琉球政策作爲江戶幕府對明王朝政策的重要組成部分，以江戶幕府的中央權力爲背景，將侵略琉球王國的戰爭計劃推向深入。

1607 年 5 月，德川家康再次命令薩摩藩催促琉球王國「來聘」。對於江戶幕府和薩摩藩三番五次地要求「來聘」，謝名親方利山嚴詞拒絕。因「來聘」問題產生的矛盾成爲薩摩藩入侵琉球的又一個藉口。

1609 年 2 月，島津義久致書琉球王尚寧：「業已再三通信。龜井武藏守想

作琉球王，是我因舊情向太閣請求而中止的，但卻忘記恩情。又，追懲朝鮮之時，殿下也有違尊命。前年琉船漂流之際，將軍將之送還本國，但有欠回報之禮。加之將軍欲使貴國為媒介，使大明國與日本通商之事，雖經遣使相告，但也疏略，實屬非理。故而，現已獲得誅懲琉球國之朱印，正在急速準備兵船渡海。貴國自滅，怨恨於誰？不過，倘若努力通融日明，本人將盡心謀求琉球國之安泰。因難捨往古之好，故而投書。」〔註3〕

3月4日，薩摩藩即派出戰船百艘，士兵三千，從山川港出發向琉球王國發起進攻。3月6日，薩摩軍佔領了吐噶喇列島；3月8日，薩摩軍佔領了奄美大島、喜界島。3月16日，薩摩軍南下進攻德之島，薩摩軍在德之島遭遇頑強抵抗，但軍事實力懸殊，3月22日德之島陷落。3月24日，薩摩軍乘勝攻陷了沖永良部島；3月26日，薩摩軍在沖繩島北部的運天港登陸，3月27日，攻陷今歸仁城，直逼琉球王國首府首里城。琉球王國動員四千兵力防守，但是以刀劍、長矛和弓箭為武器的琉球守軍與以火槍為武器的薩摩藩強兵相比，戰鬥力差距明顯。雖然琉球守軍在浦添、那霸港、識名原等地區進行了抵抗，但仍無法挽回戰事全局。

4月4日，琉球國王尚寧開城投降，4月5日，薩摩軍接管了首里城。據史料記載，戰爭期間薩摩藩軍隊對琉球民眾進行了大肆的掠奪殺戮：「當時薩軍以樺山久高為首的主要將領分為四組，分別帶領入侵士兵，將首里城中的金銀、絲綢和珍貴物品，凡是日本沒有見過、沒有聽說過的，概行登記造冊，攫為薩摩所有。僅此一事，便花費了七、八天的時間。然後，則是將之分批運往那霸，再從那霸運往鹿兒島的山川港。」〔註4〕

幕府於1609年7月7日，授予島津家久對琉球群島的統治權。1610年5月16日，琉球國王尚寧一行被島津家久帶往江戶。8月14日，德川家康在駿府城接受了琉球國王尚寧的謁見。8月28日，幕府第二代將軍德川秀忠在江戶城接受了琉球國王尚寧的謁見。在此之前，江戶幕府也曾接受過朝鮮、荷蘭等外國使節的謁見。但是，琉球國王尚寧作為一國之君的謁見其政治意義明顯不同。9月3日，德川秀忠宴請琉球國王尚寧和島津家久，席間德川秀忠向尚寧表示，江戶幕府無意以他姓取而代之，琉球王國的國家體制可以延續。

〔註3〕 大城立裕：《沖繩歷史散步》，第82～83頁。
〔註4〕 米慶餘：《琉球歷史研究》，天津人民出版社，1998年，第71頁。

　　1610 年 12 月 24 日，尚寧隨島津家久返回鹿兒島。1611 年 9 月 19 日，薩摩藩向尚寧提出琉球王國必須遵守的 15 條基本法律，要求琉球王國君臣發誓效忠，並割讓奄美諸島等。在薩摩藩的武力威脅下，尚寧及眾臣被迫在「起請文」（起誓書）上簽字畫押。只有謝名親方利山屬斥薩摩藩的強盜行徑，拒絕簽字，被薩摩藩當場斬首示眾。1611 年 12 月 15 日，琉球國王尚寧及眾臣被釋放回國。

　　幕府雖然支持薩摩入侵琉球，但卻也極力避免在琉球問題上與中國產生外交摩擦，並希望通過琉球來改善日本與明的外交關係，恢復貿易往來。因此，江戶幕府要求薩摩藩謹慎處理琉球問題。薩摩藩要求琉球王國繼續向已經成為薩摩藩直轄地的奄美諸島派駐官員，在表面上製造奄美諸島仍歸琉球王國管理的假象，但暗地裏卻不斷加強對琉球王國的控制。

　　薩摩藩征服琉球王國後，立即將日本「幕藩體制」中的「知行」制度引入琉球。為了確定琉球王國的納稅標準，薩摩藩在琉球各地實施耕地測量，強迫琉球王國每年向薩摩藩進貢大米十二萬三千七百石。通過對琉球的征服，薩摩藩的財力增至九十萬石，成為日本第二大藩。

　　薩摩藩征服琉球王國後，琉球王國被迫承認了琉球王國與薩摩藩的附庸關係。而薩摩藩通過對琉球王國的控制，獲得了巨大的政治和經濟利益，最終成為幕府內強大的政治實體，並在後來的明治維新運動中發揮了重要作用。因此，薩摩藩入侵琉球對日本在東亞地區的崛起所產生的影響不可低估。明王朝在對待薩摩藩入侵琉球問題上態度十分消極，對日本除了貿易制裁外，缺乏更有效的反制手段。特別是對待琉球王國的中日兩屬外交的容忍，縱容了日本對琉球群島進一步擴張的野心，最終導致近代日本對琉球王國的強行吞併。

二、新井白石與琉球日本屬論的源起及影響

　　前述豐臣秀吉企圖先佔領朝鮮，進而征服中國與印度，建立一個定都北京的大日本帝國的霸業雖然沒有實現。但 1603 年德川家康在江戶開設幕府政權後，依然企圖建立以日本為中心的「國際秩序」。1610 年，幕府政治顧問林羅山（1583～1657）起草的致中國皇帝信中，稱：「日本國主源家康業已統一日本，其德化所及，朝鮮入貢，琉球稱臣，這南、交趾、占城、暹羅、呂宋、西洋、柬埔寨等蠻夷之君主酋長，莫不上表輸貢……」〔註5〕

〔註 5〕信夫清三郎：《日本政治史》第 1 卷，上海：譯文出版社，1982 年，第 10 頁。

　　林羅山此語與 1609 年薩摩島津氏出兵入侵琉球，掠走琉球王尚寧至鹿兒島，迫使其出具「誓文」有無關係，目前沒有史料證明。但從其內容來看，已經把琉球看作其附屬子臣。但由於西力東漸，日本內部面臨「域中改號」之威脅，故而實施「鎖國政策」，但染指他國的念頭並沒有因此而被封存起來。而新井白石則從地緣、人種、文化等方面，將琉球納入到日本圈內。他還開創了琉球王爲日本「朝始祖」之說。他的「異朝琉球——南倭琉球——南藩琉球」的認識，被後世文人所接受，並由前田夏蔭將其發展成爲琉球自古爲日本「皇國藩屏」之理論。而此理論後來成爲明治政府「廢琉球王國立琉球藩」的理論根據。

　　新井白石（1657 年 3 月 24 日～1725 年 6 月 29 日），名君美，號白石。日本江戶時代政治家，曾爲幕府將軍德川家宣、德川家繼的重要輔臣。著有《西洋紀聞》、《採覽異言》等專著。另外，他通過對北海道、琉球等周邊國家的歷史進行考察，寫了《蝦夷志》、《南島志》。新井白石爲日本江戶幕府時代負責外交事務的官員，現被認爲是日本研究琉球問題的先驅者。他於 1719 年（日享保四年，清康熙五十八年）所著的《南島志》，被認爲是最早有關琉球研究的著作。這部專著以《隋書》、《日本書記》、《唐書》、《山海經》、《海外異記》、《後漢書》、《吳志》、《萬國全圖》、《元史》、《野史》、《皇明世法錄》、《使琉球錄》、《星槎勝覽》、《崐山鄭士若琉球國圖》、《皇明實記》、《廣輿圖》、《閩書》、《續文獻通考》、《島夷志》、《大明會典》、《皇明三大徵考》、《大明一統志》、《續日本書紀》、《中山世譜》、《中山世系圖》、《延喜式》、《保元紀事》、《保元紀事》、《東鑑》、《宋史》、《世繼圖》、《南浦文集》、《琉球神道記》等作爲參考文獻資料，對琉球的歷史淵源進行重新塑造。

　　新井白石在《南島志》中所引用的史料，基本上都是中國的古籍。但新井卻利用這些中國古籍，將琉球與日本文化聯繫起來。《南島志》共分爲地理、世系、官職、宮室、官服、禮刑、文藝、風俗、食貨、物產等十項內容對琉球進行論述。新井白石在「總序」中，引用了《隋書》、《唐書》、《山海經》、《海外異記》、《後漢書》、《吳志》等中國古籍及日本史料《日本書記》，明確地將琉球歸屬到日本文化圈內。

　　新井白石在《南島志》「世系」項中，利用《保元紀事》、《東鑑》、《南浦文集》、《琉球神道記》等日本資料，將琉球民族解釋爲日本先民的後裔，即在日本鎌倉時期的武將源爲朝，在保元之亂時逃到琉球，與那裡的大里按司

之妹結婚，並生育兒女的傳說作爲歷史史實，提出琉球國民與日本民族的關係，強調琉球國第一代國王舜天王——浦添按司，就是日本武將源爲朝之子，來說明琉球國王與日本有着血緣關係。按照新井白石的說法，琉球國王與日本的足利家族、細川家族、鼻山家族一樣，同屬於源氏一系的。

新井白石除了從地緣及血緣上對日本與琉球的關係進行論述外，還從琉球書院建造、官員住宅、民眾房屋等建築風格，到琉球國樂唱曲、百器制衡、醬醋酒類的釀造、茶室茶具的樣式、茶的泡製方法、語言文字等，與日本相類比，認爲具有極高的相同性，故認爲在文化淵源上，琉球與日本也有共同性。

根據何慈毅的研究，新井白石不僅開創了琉球與日本文化淵源上的共同性的理論，還因爲其身居負責對外關係之官職，將其提倡「向倭」——「琉球王朝爲朝始祖」的論說演變成爲「南藩」。這樣日本江戶幕府對琉球的認識，經過寶永年和正德年，逐步由江戶初期的明朝中國的冊封體系中「小國」琉球，變爲以日本爲中心的「南倭」琉球，並進一步向「南藩」琉球轉變。〔註6〕

新井白石的研究，雖將琉球納入到日本文化體系中，但他也認爲琉球爲一個國家。新井白石在《南島志》的「地理第一」中，講到琉球國的範圍，仍將輿論島、永良部島、德島、大島及鬼界島稱爲「北山之地」，介紹大島「在德島東北十八里琉球北界也」，而鬼界島爲「琉球國東北極界也」。但在「官職第三」中，他卻將薩摩藩主在入侵之後，將琉球的土地鬼界島、德島、大島、永良部島、輿論島，納入到了薩摩之領土，並明確在將琉球的大島和鬼界島，作爲琉球與日本的分界線。這種前後矛盾的說法，是否說明新井白石對五島被薩摩藩佔據不知情或不認可？

另外，從《南島志》卷上琉球國「地理第一」全文中可發現，在琉球地理境界以內，絕然找不到釣魚嶼、橄欖山（俗名南小島、北小島）、黃尾嶼、赤尾嶼等原本屬於中國之島嶼。而在《南島志》以前，中國圖籍文獻之中，釣魚嶼、橄欖山、黃尾嶼、赤尾嶼等島嶼之名早已俯仰皆是。這也從另一個側面證明釣魚島在歷史上的中國所屬。

新井白石將琉球納入日本文化圈的觀點，不僅反映江戶幕府對琉球的認

〔註 6〕何慈毅：《明清時期琉球日本關係史》，南京：江蘇古籍出版社，2002 年，第132～133 頁。

識，而且後來對日本人的琉球認識有很大的影響。其後的森島中良、伴信友、龍澤馬琴、前田夏蔭及山崎美成等都繼承了他的琉球王朝爲朝始祖之說。而他的關於琉球王朝爲朝始祖說的資料，在日後成爲「日琉同祖論」者的主要根據。

在森島中良所著的《琉球談》序論中，認爲：「琉球在薩之南鄙海中，蓋一小島也，慶長中，臣附薩。然在其上世，源鎮西宏垂國流，即其爲屬於我也，亦已尙矣。」〔註7〕前田夏蔭在《琉球論》中竭力鼓吹琉球國王的始祖爲日本皇室之後裔，連琉球的地域劃分都是按照日本上古制度：「其始祖爲皇國神裔，其國人自上古貢奉天朝」，「其古爲皇國之藩屛，仕奉如臣國也。證迹灼然。」「其國所謂頭中頭鳩尻即是按吾上古天皇分天下國界之制所建立之縣邑。」「其國自初就恭畏皇朝，甘願稱藩臣服。」〔註8〕而山崎美成則將琉球看成自古就是日本的一個島嶼，認爲：「琉球國爲我邦南海之一島國也。其國自古即有所聞，是隸屬築上級築紫之島也。」〔註9〕另外龍澤馬琴的小說《鎮西八郎爲朝外傳椿說弓張月》，將新井白石的「琉球王朝爲朝始祖說」，以小說的形式進行了生動的描述，「鎌倉時期的武將源爲朝，在日本保元之亂時逃到大島，又因爲遇到颱風而漂流到了琉球，與那裡的女王結婚，生下一名男兒，取名尊敦『舜天丸』，『舜天丸』尊敦長大後平定了球球琉球國的內亂自立爲王，成爲第一代國王。」〔註10〕《鎮西八郎爲朝外傳椿說弓張月》雖是一部小說，但卻將琉球王與日本的血緣關係，帶給了江戶時代的日本民眾，也深入到近世日本人的琉球觀中。

1785 年仙臺藩士林子平（1738～1793 年）在其著作《三國通覽圖說》中，詳載朝鮮、琉球和蝦夷的地理。這說明琉球的北方五島雖被薩摩藩佔領，但琉球還是一個獨立的國家。而此時日本已經對琉球有所窺視，林子平著作的目的在於「日本勇士率領雄兵入此三國之時」，有所「諳察」及「應變」。〔註11〕

而日本明治維新的先驅者吉田松陰更是直接地明言：「今也，德川氏已同

〔註 7〕 （日）《琉球談》，《江戶期琉球物資料集覽》第四卷，東京：本邦書籍株式會社，1981 年，第 30 頁。

〔註 8〕 （日）《琉球論》，《江戶期琉球物資料集覽》第四卷，第 372、376 頁。

〔註 9〕 （日）《琉球人貢紀略》，《江戶期琉球物資料集覽》第四卷，第 130 頁。

〔註10〕 何慈毅：《明清時期琉球日本關係史》，第 135 頁。

〔註11〕 米慶餘：《日本近現代外交史》，北京：世界知道識出版社，2001 年，第 9 頁。

兩虎（俄、美）和親，不能由我絕之，我若絕之，乃是自失信義。爲今日計，莫如愼守疆域，嚴行條約，以羈縻兩虜，乘間開墾蝦夷，收琉球，取朝鮮，拉滿洲，壓支那，君臨印度，以張進取之勢，以固退守之基，使神功未逐者得逐，豐國未果者得果。」〔註12〕

小結

　　綜上所述，琉球在 1609 年以後，開始與中國、日本保持着兩屬關係。而薩摩藩對其經濟的實際控制，開啓了日本將琉球納入到其族範圍內的文化思想。新井白石不僅將琉球納入到日本圈，他的「異朝琉球——南倭琉球——南藩琉球」的認識，也被後世文人所接受。日本謀取琉球，進而染指大陸的思想一直都沒有間斷。後由前田夏蔭將其發展成爲琉球自古爲日本「皇國藩屏」之理論。而此理論後成爲明治政府「廢琉球王國立球球藩」的理論根據。

〔註12〕　（日）渡邊幾治郎：《日本戰時外交史話》，東京：千倉書房，1937 年，第 8 頁。

第二章　薩摩藩閥與「吞併琉球」的關係

　　日本明治維新後，採取多邊交涉或武力入侵的手段，有計劃地對外進行領土擴張。與薩摩藩有着藩屬關係的琉球，自然成爲第一個領土目標。但琉球早在明朝就接受中國的「冊封」，視中國爲「正朔」，日本對此亦予以默認。琉球的兩屬問題，一直困擾著維新後的明治政府。1871 年 7 月「廢藩置縣」的實施，使琉球的歸屬問題，成爲必須着手解決的大問題。鹿兒島縣便借機向外務省提交了《鹿兒島藩琉球國處理意見書》（1871 年 7 月）〔註1〕，拉開了「琉球處分」的大幕。要使琉球事實上完全歸屬日本，必須斷絕其與中國的關係。於是日本利用當時發生的「山原號〔註2〕難船事件」，策動了明確琉球歸屬關係，並且染指臺灣的「一石二鳥」出兵征討行動。日本在秘密準備出兵臺灣時，又在沒有告知琉球國王的情況下，通過一系列的內部決定，單方面將琉球由一個獨立的王國，變成了日本的屬地。

一、薩摩藩閥與「吞併琉球」計劃的關係

　　1868 年 8 月 27 日，以薩摩藩與長州藩同盟軍爲首的倒幕派，擁立日本天皇還政登位，定都江戶，並改江戶爲東京，年號由「慶應」改爲「明治」，這標誌著日本明治新時代的到來。明治登基及新政府成立的消息，是何時、以

〔註 1〕　（日）《鹿兒島藩琉球國事由取調書》，日本公文書館藏檔（簡稱 JCAHR）
　　　　 JCAHR：A03030094900。
〔註 2〕　一般研究者認爲該遇難船名爲「山原號」，但都沒有具體的出處。根據筆者查
　　　　 閱資料，「山原」本是運船的一種，琉球國在明朝時曾賜於舟工三十六戶，據
　　　　 以建造所謂之「山原船」，進行海上貿易事業，故是否誤將「山原船」稱爲「山
　　　　 原號」還有待於進一步考證。

何種形式傳入到琉球，目前沒有人有過具體的研究。根據何慈毅在《明清時期琉球日本關係史》中的記載，認為「同年的十一月二十一日，明治天皇的改元詔書連同明治政府太政官令一起，也傳達到了琉球。」〔註3〕這也就是說，在明治登基的三個月後，琉球方面才知道日本改元的消息。

明治天皇改元詔書內容如下：「詔：體太乙登位，膺景命以改元，洵聖代之典型，而萬世之標準也。朕雖否德，幸賴祖宗之靈祗承鴻緒，躬親萬機之政，乃改元，欲與海內億兆更始一新，其改慶應四年為明治元年。自今以後，革易舊制，一世一元，以為永式。主者施行。(明治元年九月八日)」〔註4〕

從此份詔書的內容分析來看，主要是日本天皇對日本全境，通告其親政及年號變遷為「明治」之事宜。

筆者以為，明治新政府的詔書，並不是由政府直接送達給琉球，而是由薩摩藩轉交過來。薩摩藩向琉球王府送達詔書之意義，表面上沒有其它的內容，只是通知日本天皇親政及年號更改之事宜，但其行文格式卻發現了重大變化，已經不再使用國與國之間的外交行文格式，而是採用了上對下之行文方式，這就有了另外的一層涵意，表明薩摩藩已經開始對琉球有所圖謀，但這並沒有引起琉球方面特別的重視。

明治新政府在(1869)年「版籍奉還」後，西鄉隆盛、大久保利通等人，又秘密籌劃明治政府的組織及廢藩事宜，欲將日本推向近代「文明」象徵的「郡縣制」。1871年7月14日，天皇敕示「廢藩置縣」詔書，廢止了原有的261個藩，設置了3府302個縣，縣知事由政府來任命。〔註5〕「廢藩置縣」推動了「版籍奉還」，並在制度上消滅了封建的形態，使日本具有了近代文明國家的基本架構。

7月29日，明治政府又進行了中央官制大改革，規定天皇親臨「總裁萬機」，並採取由正院、左院、右院組成的太政官三院制。正院是天皇親裁的最高官廳，由太政大臣、納言(後來改稱左、右大臣)、參議組成，下設行政八省。〔註6〕

〔註3〕 何慈毅：《明清時期琉球日本關係史》，第141頁。
〔註4〕 (日)日本內閣官報局：《法令全書》第一卷，東京：原書房，1974年，第289頁。
〔註5〕 安崗昭男著，林和生、李心純譯：《日本近代史》，北京：中國社會科學出版社，1996年，第159頁。
〔註6〕 安崗昭男著，林和生、李心純譯：《日本近代史》，第161～162頁。

　　薩摩、長州等出身的舊「藩閥」，通過官制改革，將舊公卿、大名從高官中排擠出去，躋身新政府內部的要職。其中西鄉隆盛、大久保利通等，握有明治新政府實權的人，都出身於舊薩摩藩，這是「琉球處分」出臺的最重要原因。

　　另外，「廢藩置縣」將過去的府、藩、縣三治廢除，開拓使和府縣也被統一起來。這樣舊的薩摩藩，就變成明治新行政體系中的鹿兒島縣。鹿兒島縣必須面對過去由舊薩摩藩島津家族控制的琉球歸屬問題。

　　琉球王國當時對外雖是一個獨立的國家，且與中國保持着藩屬關係，但由於其北方五島，被薩摩藩實際佔領，且薩摩控制着琉球的經濟貿易。特別是被薩摩佔據的五個島嶼的年收入，總計三萬二千八百石以上，占琉球年收入（十二萬七千石左右）的四分之一。而由薩摩藩更名而來的鹿兒島縣，當然不願意棄之。而「廢藩置縣」的實施，意味着原由島津家族控制的琉球，未來將有可能歸屬於鹿兒島縣。

　　明治新政府內部的舊薩摩藩閥，本與琉球有著世代的關係，現在其勢力可以左右國家政策。故這些舊藩閥，自會借助自己在新政府內部的地位，以國家的行政力量，考慮將琉球納入到其管轄範圍，這是千載難逢的良機。如將琉球納入其下，一方面能穩固鹿兒島縣的經濟利益，另一方面，也使得明治新國家的領土得以擴張。

　　在舊薩摩藩閥的設計下，鹿兒島「藩」於新政府「廢藩置縣」前，向外務省提交《鹿兒島藩琉球國調查處理意見書》（1871 年 7 月 12 日）〔註7〕，從薩摩藩對琉球實際統治的歷史，來強調琉球自古就是日本之領土，希望明治新政府儘早解決琉球的歸屬問題。

　　此份意見書藏於日本國立公文書館所收的《處藩始末・辛未壬申》第一冊中，能夠看到的資料爲《辛未七月》（1 頁）、《鹿兒島藩琉球國事調查報告》（4頁）這兩個部分，儘管《鹿兒島藩琉球國事調查報告》標注畫像數爲 4 頁，但不知道是由於館內工作人員操作失誤，還是有意將其中部分內容隱匿起來，在「JCAHR」上只能看到第 1 頁內容，其與《辛未七月》的內容完全一致。所幸筆者在下村富士男所編的《明治文化資料從書》第 4 卷中，查到原文。

　　「處理意見」書原文爲：「琉球國從上古時代就被稱爲沖繩島，屬南海十二島嶼之內，古史就記載屬於日本皇國。文治二年（1186 年），島津家祖豐後守忠久，受封薩摩、大隅、日向之際，補任南海十二島之地頭以來，世襲舊封，

〔註 7〕　（日）《鹿兒島藩琉球國事由取調書》，JCAHR：A03030094900。

置為附庸。但因兵亂，治理難及海外之地。明洪武五年，我應安五年（1372 年），
該國服從於彼，接受王號，衣冠等等變為明制，且改國號為琉球，但亦並未與
我中斷。應永年間（1394～1428 年）足利將軍時代，有遣送使節、書翰往復等
事。嘉吉元年（1441 年），九代陸奧守忠國，領受將軍恩賞，再加封琉球國。
其後，該國遣送使節貢船，至永正、天正年間（1504～1521 年、1573～1592
年），無復中斷來聘。但因征伐朝鮮之役，雖就貢納緩急之事，通聘相勸，但該
國不從。慶長十四年（1609 年），十八代中納言家久，遣兵征討，遂謝罪降服。
繼之，國內諸島悉行檢地，計入藩內領有數額，相傳領有。至嘉永年間（1848
～1853 年），無復中絕。該國對舊幕入貢，雖是成規，但因其為貧弱小國，既
使名義不當，若不謂皇國中國為父母之國，成為兩屬，則難以存立。因其不得
已之國情，故而依照舊例處置。然而，正保年間（1644～1648 年），改朝為清
國之際，或將傳令剃髮、更換衣冠，屆時如何處理，是亦難測。明曆元年（1655
年），十九代大隅守光久，就此向幕府咨詢，老中傳令曰：若遣送使節，應彼之
意，雖非難事，但內國事務，大隅守可據謀處置。慶長降服以來，以至於今，
鹿兒島公開派遣士官從事政務，琉球也在鹿兒島建有館舍，派遣官員，交替滯
留，且每年送納租稅，對中國則是隔年派遣貢船。特此呈報。」〔註8〕

從「處理意見」書的內容分析看，鹿兒島「藩」向明治新政府闡述了琉球
從文治二年歸屬島津家族，到永正、天正年間納貢日本的歷史，以薩摩藩對琉
球國的控制管理情況，強調薩摩藩對琉球具有實效統治，希望明治新政府能在
一新之時，將琉球正式納入版圖，成為即將成立的「鹿兒島縣」的一部分。

根據米慶餘教授的研究，此份調查報告似為日本明治新政權後，首次對日
琉關係的陳述。但內容存在着諸多疑點。即所謂的日本文治二年島津忠久受封
薩摩、大隅、日向等，沒有任何歷史根據，從《大日本古文書・家別第十六・
島津家文書之一》中記載，日本文治二年的島津忠久，只是被當時尚未建立鎌
倉幕府的豪族源賴朝，任命為「從行莊務」，成為信濃國（今長野縣）鹽田莊的
小頭目，並無其他任命。而島津家被任命為越前國（今福島縣東部）守護、島
津莊內薩摩方地頭守護兼十二島地頭職，乃是日本鎌倉幕府第四代將軍在任期
間，時為嘉祿三年（1227 年），受命者也不是所謂「島津家祖」忠久，而是第
二代島津忠時（忠義）。此外，從任命書的內容上看，內中所謂十二島，並無具

〔註8〕（日）下村富士男編：《明治文化資料叢書》第 4 卷，東京：風間書房，1962
年，第 7 頁；《鹿兒島藩琉球國事由取調書》，JCAHR：A03030094900。

體名稱，難以說明琉球也在其中。故而，也無從談起琉球自古便被日本「置爲附庸」。〔註9〕

　　另外，所謂「嘉吉元年（1441 年），九代陸奧守忠國，領受將軍恩賞，再加封琉球國。」之事，也沒有查到相關的歷史史料根據，連日本學者大城立裕氏都表示懷疑。而持「不能否定」的小葉田淳氏則認爲，這「具體地講，是把（對琉）通交通商壟斷權給予薩摩。」〔註10〕

　　此份「調查報告」雖然在歷史史實上存在着大量牽強附會之處，但有一點值得我們注意，就是它承認琉球對中國的所屬關係，言「若不謂皇國中國爲父母之國，成爲兩屬，則難以存立」。這說明薩摩藩承認琉球將中國視爲「父母之國」，如果離開「中國」將「難以存立」。但認爲這是不得已國情，並以琉球每年給薩摩藩送納租稅，對中國則是隔年派遣貢船之事實，強調薩摩藩對琉球的「實效統治」及重要性，要求新政府考慮解決琉球的歸屬問題。

　　此份「意見書」究竟怎樣謀劃出來，沒有具體資料可以證明，但提出者是由「薩摩藩」轉變而來的「鹿兒島縣」，故筆者推斷其與新政府內部的薩摩藩閥脫不了干係。

　　由於薩摩藩對琉球的控制，其自然成爲日本的第一個領土目標。而日本政府早就不滿琉球的兩屬關係，特別是薩摩藩鹿兒島出身的武士們，不願意失去對琉球既有的特權，開始策動結束琉球兩屬關係的所謂「琉球處分」——斷絕琉球與中國的藩屬關係，迫使琉球接受天皇的正朔，使琉球成爲日本的一部分。故「意見書」的提出，可能是由薩摩藩閥自上而下的指示，再由鹿兒島縣自下而上的提出具體的請求，以便使明治新政府對琉球提出具體的政策，故此從意見書是「吞併琉球」的發端與重要的理論根據。

二、「吞併琉球」出臺前琉球與鹿兒島縣的博弈

　　1871 年 7 月，鹿兒島縣向外務省提出《鹿兒島藩琉球國調查處理意見書》後，日本政府如何告知琉球，目前沒有資料證明，但從《尚泰侯實錄》的記載來看，琉球方面已經開始有所覺悟。琉球駐日本鹿兒島縣琉球館的工作人員，對廢藩置縣之改革，非常重視，頻繁地向琉球王府輸送有關情報，並告

〔註9〕　米慶餘：《琉球歷史研究》，天津：天津人民出版社，1998 年，第 108 頁。
〔註10〕　大城立裕：《沖繩歷史散步》，第 65～66 頁，轉引自米慶餘：《琉球歷史研究》，
　　　　　第 109 頁。

之政府，這次日本變革，極有可能波及到琉球國。

1871 年 9 月，琉球王府對日本廢藩置縣對其自身的影響進行了評估，提出了五項具體措施：

第一、如果日本新政府提出要將琉球劃歸其直轄的話，琉球方面要求仍依舊制，爲薩摩附庸。

第二、如果以上請求不被允許，仍爲新政府直轄的話，退而求次，請求劃入薩摩藩之下，聽從薩摩指揮，而琉球向新政府派遣常駐人員。

第三、按照江戶幕府時期的舊例，每年年初琉球向薩摩派出使者，再與薩摩官吏一同上京，其它吉凶慶殯等事發時，也遵照先例臨時派遣使者。

第四、如新政府問及五島（鬼界島、德島、大島、永良部島、輿論島）和琉球石高事宜，諸事先與薩摩商談後再作決定。因爲有可能薩摩沒有向新政府報告有關五島割讓及琉球土地丈量等。

第五、如五島專屬於朝廷，即向其說明實情要求歸還。〔註11〕

從琉球王府的五項措施來看，琉球既不願意接受日本明治新政府的直接管轄，也不願意從薩摩藩中脫離出來，期待着仍按幕府時期的舊制，保持與薩摩藩的附庸關係。

琉球王府之所以產生這樣的想法，一方面可能對明治維新後，日本政府的政治結構變化並不清楚，在封閉的條件下，沒有現代國家觀念，故不能瞭解薩摩藩變成「鹿兒島縣」後，地方與中央行政的從屬；另一方面，也許是不願意改變由舊薩摩藩控制後所形成的既有範式，或迫於薩摩藩長期以來的威力，不願意改變現狀。另外，從琉球天眞地認爲薩摩藩可能沒有向新政府報告五島的割讓及土地丈量等事宜的情況看，琉球似乎對日本明治維新中薩摩藩所起的作用，及薩摩藩閥在新政府中所據有的地位及影響力，並不十分瞭解。

1871 年（明治四年十月十五日），首里王府向鹿兒島在番的琉球官員，發出如下內容的「訓令書」：

> 關於日本的變革，好像將有命令下達讓本地接受朝廷的支配。本地在進入薩摩藩之幕下以來，常常蒙受其藩之恩惠，亦爲除此藩外，尚無鄰國之不自由小邦，所以本地之必要費用，都依賴於薩摩藩，而

〔註11〕《尚泰候實錄》，第 175～177 頁。轉引自何慈毅：《明清時期琉球日本關係史》，第 141 頁。

且在海路上與薩摩藩接壤，無論如何，當地不可離開薩摩藩。關於天
下一新，因爲不好議定，倘若只靠此處得到的消息，則難以明瞭一新
之詳細內容，萬一出現意外之事，則不知變化如何，因而要受可靠之
處之照顧，與此悄悄配合，但在表面上卻懇求薩摩藩發出指示。雖亦
應當如此，但必須全面盡心注意，一定安排周全。即使不由薩摩鎮臺
從四位（從幾位凡指地位）與從三位批下指示，而自外縣之人得到通
知，如上所述，本地從薩摩藩易於籌辦開支，亦海路最近之處，今後
薩琉海路，仍不分路，一律保持，須聽從彼鎮臺指示盡忠朝廷，因此
暫時因時制宜，不論出何事，盡力聯絡溝通。〔註12〕

從琉球政府的「訓令書」內容分析來看，琉球王府已經意識到日本新政
府欲將琉球納入其管轄之內，但琉球王府似乎對日本國內的維新變革還不甚
瞭解，究竟做出怎樣的回應，還在考慮之中。同時「訓令書」也透露出，琉
球認爲自己爲「不自由之小邦」，似乎對薩摩藩十分依賴，並將之作爲唯一的
鄰國，不願意脫離藩屬，但意識到遲早將被日本新政府所「議定」，因此表示
不論出現任何狀況，盡力與薩摩藩聯絡溝通。

琉球對薩摩藩的依賴，是藉口還是反映琉球與薩摩的眞實關係，無可考
證。但筆者認爲，這可能出自於「國家」某些權力被薩摩藩強奪後，所形成
的經濟政治模式。也就是說，琉球王國雖對外爲一個獨立國家，但其內部行
政的一部分，已經被薩摩藩長期把持，並形成習慣及依賴性。而正是這個長
期形成的依賴慣性模式，使薩摩藩自覺其對琉球國擁有主導權。而這種主導
權，在西方近代國家體系被明治新政府構建後，演變成舊薩摩藩閥思想中對
琉球擁有主權性的意識，而「鹿兒島縣」只是將這種主權性意識，提高到國
家行政意識層面的具體實施者。

要將琉球正式納入日本版圖，必須改造琉球現行行政體系，接納日本明
治新政府的各項行政措施，這是琉球成爲日本領土的第一步。

1872 年初（明治五年正月五日），日本政府派奈良原幸五郎和伊地知貞馨
（外務省七等出仕）兩位官員出使琉球，向琉球說明日本的情況。兩人正月
十五日到達琉球那霸。「琉官當時狐疑甚至感到恐怖」〔註13〕。二人招集琉球

<hr />

〔註12〕《尚泰候實錄》，第 177～178 頁。轉引自金城正篤：《琉球處分論》，那霸：
　　　　沖繩タイムス社，1978 年，第 240 頁。
〔註13〕（日）下村富士男編：《明治文化資料叢書》第 4 卷，第 6 頁。

的攝政三司官，向其遞交了鹿兒島縣參事大山綱良的書信，具體說明了明治維新後日本的內政改革：

> 時值變革之今日，朝廷對琉球的待遇，不會比以前差，反而會受到更好的撫育。但如缺乏原有實施之關係，難於保證不發生問題。幸而琉球原屬鹿兒島管轄，即使有什麼差錯，也可放心。實際上我們多次收到關於琉球使節的訪問及國政等的調查報告。參事們反復進行細緻的討論，認為從三位閣下父子，從來都遵奉朝廷宗旨，且琉球從來與薩摩保持著上下級關係。在各國往來日益緊密之今日，然仍然墨守舊習，如島津家世代（對琉球的）指揮難以再滲透，琉球發生違背朝廷之意，恐將來會釀成大災。參考到過往（薩摩對琉球的）照顧，經過反復熟慮及討論，最終決定將改變舊制之問題委任給我們。……時勢之變遷，如同人之新陳代謝，人力完全無法控制，只能隨之。如果沒有提前準備，將發生不可防之大害。中日之間雖有一段距離，但琉球也可從中借鑒。中國之人所稱皇帝，畢竟也是滿洲人種，這也是孔孟之道所不能允許之事情。尤其，最近西方各國紛紛進入其國內，他們與英國等國家也發生了糾紛，以後出現怎樣之格局，不得而知。現在世界處於變遷之時期，請（琉球）好好斟酌。以後根據朝廷的指示，無需再派他人，我們共同商議，形成一定的規則，就不會出現任何麻煩。首先實現我們所奉之命令，共同商議之事情，再委婉地傳給達中山王，通過大臣仔細討論，最終結果如何請告之。〔註14〕

此信以世界變化大勢，並以中國朝代變遷，異族登基皇位為例，曉喻琉球如果歸於新政府，其待遇將比以前更加優越，並以琉球與薩摩的舊有關係，告之島津家勢力已經中落，改變舊制問題已經由鹿兒島縣來承擔，如果琉球不能認清形勢，將有可能釀成大災。另外還傳達希望與琉球共同商議，形成一定的規則，也避免出現問題。

那麼鹿兒島縣希望與琉球商議的事件為何事，根據資料的記載，伊地知貞馨、奈原幸五郎兩人早就秘密議定將琉球官制，改革為與日本內地同樣的「三部二」。筆者推斷，二人在與琉球攝政三司官會面時，就正式提出了此議，

〔註14〕《尚泰候實錄》，第 185～186 頁。轉引自金城正篤：《琉球處分論》，第 240 頁。

故資料記載琉球王尙泰招集各重要官員進行評議，接受了二人提出的改革意見，同時議定將島津時代的五萬元負債，轉成琉球改革之經費。〔註15〕

這次日本對琉球的改革，歷時三個多月，遇到層層阻力。伊地知貞馨認爲琉球上下「僻陋頑固之風，凝結於人人心肝，一時難以使之釋然。」〔註16〕但經過這次改革，琉球在行政體繫上與日本內地達成一致，爲正式併入日本，奠定了行政基礎。這次琉球的官制改革，並不是由明治新政府來主導，而是由鹿兒島縣屬官員主導進行，如要實現領土上的圖謀，必須由日本政府來具體實施。

小結

綜上所述，由於薩摩藩對琉球的控制，其自然成爲日本的第一個領土目標。由於薩摩藩閥在明治新政府內佔據着絕對主場的位置，他們不願意失去對琉球既有的特權，開始策動結束琉球兩屬關係的所謂「琉球處分」——斷絕琉球與中國的藩屬關係，迫使琉球接受天皇的正朔，使琉球成爲日本的一部分。

〔註15〕（日）《琉球使臣來朝二二關スル件》，《日本外交文書》第5卷（明治5年／1872年），東京：日本國際協會，昭和14年，第374頁。

〔註16〕（日）下村富士男編：《明治文化資料叢書》第4卷，第6頁。

第三章　日本實施「吞併琉球」的第一步

在薩摩藩閥占主導地位的明治新政府內部，對由薩摩藩而來的「鹿兒島縣」所提出《鹿兒島藩琉球國調查處理意見書》十分重視，由井上馨親自向正院提出收琉球入版圖的建議書。

一、井上馨吞併琉球的建議及左院的意見

1872 年舊曆五月三十日，大藏大輔井上馨，向正院正式提出將琉球國收入日本版圖的建議書。建議書內容如下：

> 慶長年間，島津義久征討琉球，擒獲中山王尚寧，使之服從皇國以來，該國被視爲薩摩附庸，諸事委與薩摩，延至今日。查其版圖離合之概略，姑且不論其中興始祖舜天，乃源爲朝後裔之說。就其服從以來，參見修禮，獻納幣帛，恭順表誠而言，歷世代不懈。且語言、風俗、官制、地名之相類，概爲披中我光，不泄一證。察其地理形勢，與我薩摩之南岬，相距僅數十里，與無人之伊豆八太島、北海之薩哈林等接近內地之比較，基本相當也。故而，彼國爲我國山之餘脈，起伏於南海之中，乃一方要衝，皇國之翰屏，猶如手足之於頭目，盡運作之職，可供捍護之用，此事無需喋喋贅論。然彼從前奉中國正朔，接受冊封，我未匡其攜貳之罪，上下曖昧相蒙，以致數百年，甚爲不妥。就君臣大體而言，我雖涵容，但彼則應恪守人臣之節，不能稍有悖戾之行。況且，現今百度維新，終究不可置之不理，宜肅清從前曖昧之陋轍，採取措施，擴張皇國規模。但不可挾持威力，行侵奪之舉，當接近彼之酋長，招至闕下，譴責

—21—

其不臣之罪，且列舉前述慶長大捷後之情況，詳述順逆之大義，土
地之形勢，以及其他傳記、典章、待遇、交涉上之證據，使彼悔過
謝罪，知曉茅土不可私有，然後速收其入版籍，明確歸我所轄，扶
正制度，使之國郡制置、租稅調貢等，悉如內地一軌，一視同仁，
以洽浹皇化，是之所望，尚乞廟議，特此具陳。〔註1〕

從井上馨建議書的內容分析來看，他認為琉球「自古為皇國屬島」，並將
慶長十四年以後，薩摩對琉球王國的控制，作為日本已經擁有琉球的前提與
基礎，以「問攜貳之罪」，無視琉球國的政治主權獨立性，更無視中琉的臣屬
關係，也不顧琉球王國的意願，企圖單方面採取措施，將琉球據為己有。

左院的意見

舊曆六月二日，正院綜合井上馨的意見，向左院提出審議吞併琉球的建
議：「琉球從來附屬於薩摩藩，謹修覲禮，恭獻幣帛，但其又奉支那為正朔，
受其封冊，其循數百年之久，故我方未問攜貳之罪，今方之時，明確其歸屬，
馳張我綱紀，使其結束此種曖昧關係，如何運作處理，請求審議。」〔註2〕

同月，左院就此事進行細緻的討論，議定內容共分九個部分，具體結論
如下：

一、琉球國兩屬於我國與中國，乃是從前由形勢使然，無需再
論。

二、琉球國從明朝開始，直至清朝，一直接受中國的冊封，奉
其為正朔，但實質上是被島津氏世代支配，不僅派遣士官鎮撫其國，
而且使之率使臣來朝，是為舊幕府之制。因此觀之，琉球依賴於我
方更勝於清國。是故服從清國只是名義上的，實際上是歸從於我國。

三、琉球的兩屬，乃名義之不正，但現在如若匡正使其歸屬於
我一方，則將與清朝發生衝突，即使不發生爭端，其手續也將複雜，
而歸於無益，因名義乃為虛文，而實為要務，接受清之冊封、奉中
國正朔，乃虛文之名義，而島津氏派遣士官，鎮撫其國，乃要務之
實。我得其要務之實，而予清以虛文名義，故可不必糾正之。

〔註1〕 （日）《井上大藏大輔琉球國版籍收入建議並左院　問答議》JCAHR：
A03030095100。
〔註2〕 （日）《井上大藏大輔琉球國版籍收入建議並左院　問答議》，JCAHR：
A03030095100。

四、如大藏省別紙所述，接待琉球使者的禮儀，不再使用如西洋各國的使節方式，這無需再論，但也不可與國內地方官之朝集相同。維新之後，這次使者初次來朝，其事件遠比國內地方官朝集重大，故由熟悉各國接待且官員齊備之外務省處理此事，較大藏省更爲方便。

五、外務省僅限於接待琉球使者時，應使用國內事務的處理方式，與接待歐美各國使節加以區別，不用對等之國禮，當按屬國待之。

六、外務省提出的處理琉球三條中，停止其與外國的私交，較爲可行，但將其列入華族及冊封爲琉球藩王，則存在著異議。列入華族，與國內人類族群沿革不符。人有種族之別，確定皇族、華族與士族之稱，乃是基於國內之人種，不得不自然設立之。如果將其列入華族，就必須將琉球人看爲國內的同種人種，實不相宜，故可以琉球王或中山王冊封之。而在國內廢藩置縣的情況下，以琉球藩王之藩號授予，就名義而言，與前令不符。且琉球兵力單薄，不堪爲皇國之藩屏，世所知之。故以實際而論，也有不授藩號之理，故可刪去藩號，宣佈爲琉球王。

七、皇國作爲東西方盡知的帝國，其下有王國、屬國乃正常之事。冊封琉球，將其作爲下屬國王或屬國，盡在我之所欲。所以，不妨廢除其藩號，冊封爲琉球王，使其歸屬於我帝國。

八、如上，我方冊封之爲琉球王，也可准其接受中國之冊封，可視之爲兩屬。

九、援引歷來由島津氏派遣士官鎮撫之例，由九州鎮臺派出番兵駐守。與我同盟的東西方各國，依我信義與其交往，如果毀其信義，就屬犯我之土地。番兵不爲抵禦外寇，而在鎮撫琉球國內，故無需大量駐軍。〔註3〕

左院的議事資料顯示證明，日本政府非常清楚中琉間長期的宗藩關係，但由於薩摩藩對其國進行實際的統治，便主觀地認琉球更依賴於日本，是故

〔註3〕（日）《井上大藏大輔琉球國版籍收入建議並左院　問答議》，JCAHR：A03030095100。

琉球的兩屬關係，乃屬名義上的不正，但如若明目張膽地將其納入日本領土，恐與清朝發生正面的衝突，故採取了「實爲要務」的吞併策略，先將琉球事務由國外事務轉向國內事務，再冊封其爲王，使琉球正式成爲其屬國，派駐軍隊駐守，進行實效統治，從而否定琉球與清朝的冊封關係，事實上領有琉球。日本對琉球的領土圖謀，是學習帝國主義擴張理論後的第一次親自實踐，故其不能在人種上接納琉球人，這主要是受長期以來形成的社會等級觀念，及華族優秀論的影響所致。另外還議定冊封琉球王，並不因接受中國冊封而視其爲兩屬關係，由九州鎮臺派出番兵駐守。

二、日本吞併琉球的第一步

日本朝野策劃將琉球納入日本領土後，馬上實施第一步吞併計劃，即利用琉球朝拜之時，將琉球事務從「外國事務」納入到外務省，利用其「待遇」的改變，將其成爲國內事務，以實現其實際上的「吞併」。1872 年正月時，鹿兒島縣派縣吏奈良幸五郎和伊地知貞馨前往琉球，「示諭本朝沿革及宇內形勢」，要求琉球王進行改革，但琉球人不得要領，伊地知貞馨認爲琉球上下「僻陋頑固之風，凝結於人人心肝，一時難以使之釋然。」〔註4〕日本政府便強迫琉球人來朝，以實施併吞計劃。

（一）日本強迫琉球使來朝

6 月 1 日，日本政府派出禮儀官右松五助與今藤宏到那霸，要求琉球國王派遣使節到東京朝賀日本天皇親掌大政〔註5〕，以便實施強制性的吞併行爲。

6 月 22 日，鹿兒島縣的官員到琉球國，要求儘快派遣王子和三司官出使日本。

6 月 25 日，琉球王府宜野灣親方（琉球國官名）和龜川親方等，向尚泰王報告，國王立刻決定指派伊江王子和宜野灣親方二人爲正、副使者。

日本爲確保慶賀使早日到達，7 月 1 日，派出鹿兒島縣廳典事官右松祐永，大屬官今藤宏兩人作爲日方使者，乘坐豐瑞丸號進入那霸港，迎接琉球方面的慶賀使。兩人在首里城晉見了琉球國王，並將鹿兒島縣參事大山綱良的信，交給了中山王尚泰。此信內容如下：

〔註 4〕 （日）下村富士男編：《明治文化資料叢書》第四卷，風間書房，1962 年，第 6 頁。
〔註 5〕 （日）《大日本外交文書》第五卷，第 374～375 頁。

鹿兒島縣參事大山綱良謹致書於琉球國中山王座下：

琉球自先王以來，世服屬於我，想當年德川氏之宰天下，先王每遣王子從藩侯如江戶，朝見於政府，略如藩臣之禮。前年德川氏謀不道，自取禍敗，於是王室始中興，天子躬總攬乾綱，振舉百度，以欲與宇內強國對立。乃更察時變，懲積弊，遂廢藩置縣，四海同軌，政令劃一，國勢浸浸日進於文明之域，海內翕然靡不向化矣。夫琉球在幕府僭竊之時，猶且行朝見，而況當今王室中興之時，闕焉不修朝賀之禮？甚非所宜，在我亦無辭於朝廷。琉球素貴禮教，自先王事我，具盡恭順，我之待琉球亦不爲不厚。今當此國勢一變之時，欲使王更能纘前緒，以不失我之歡心，保境安發以傳福祚於無窮，此其事莫急於入朝者矣。故今特命權典事右松祐永，權大屬今藤宏爲使夾書以往布以腹心。然是非專出於綱良私意，其實有所受朝旨，義不容暫緩，王亦焉能得翬然而自之呼哉？書至之日王其亟命王子與兩使俱共來。抑昔時王子之來，其儀仗甚盛，貢獻極豐，其費用蓋不貲。今也朝廷庶事皆從簡省，四方從者不得過一人。凡此皆非自輕其位，乃所以寬民力，養國本也。故今王子之來亦宜悉改前規，扈從重臣限以三四名，其他從者止足給事。凡百事簡之又簡，不至耗財用，煩民力，此亦王所以示承朝廷之化也。俟王子到此，即命有司護送至東京，往回俱中此。願王察綱良之誠，速發遣王子，勿遲疑以自貽悔焉。〔註6〕

大山綱良的信，內容充滿了威逼的味道，並以「簡省」爲藉口，要求琉球使節人數從簡，以便實施其吞併計劃。

日本還有目的地利用此次琉球使者上京的機會，將琉球事務由外國事務轉並到日本國內事務。根據外務省的記錄，正院於 8 月 13 日就下令給外務省：「這次琉球人上京之時，其旅舍及待遇，與國內人相等同。」〔註7〕

（二）接待禮儀從「外賓」轉向國內地方官「朝集」

外務省在 8 月 15 日向正院提出「琉球使臣入京接受待遇之事」的報告，提出：「近日琉球人上京接待對策，建議改變以前對其使用外國人的接待禮

〔註6〕　（日）那霸市總務部市史編集室編：《那霸市史》資料編第二卷中 4《史料本稿》，那霸：那霸市，1969 年，第 370 頁。

〔註7〕　（日）《琉球國使來朝接待ノ儀》，JCAHR：A03030095400。

儀，開始使用客禮。與琉球人一同前往的鹿兒島縣官員部分屬於本省。上述接待對策是自明治維新以來最優厚的接待方式，請速將此回告本省及鹿兒島縣。」〔註8〕

鹿兒島縣在 18 日給外務省回復說：「當縣管轄之琉球國攝政三司官三人及其它隨員二十七八人已經從縣府出發，近日到達。」〔註9〕

19 日，太政官下令給外務省，正式將接待任務並給外務省：「此次琉球使攝政三司官三人及其隨行者二十七人來朝，諸般事務由外務省自由處理。也可指令鹿兒島縣所隨行官員處理份內事務。」〔註10〕

同日，鹿兒島縣告之「琉球人的接待方式通知書已經收悉。」〔註11〕

太政官 8 月 19 日給外務省的指令，是日本政府吞併琉球第一步中的關鍵環節。琉球本爲一個國家，雖然與中國、日本保持著朝貢關係，但以近代國家觀看來，其主權沒有改變，故在此前日本政府都是將其視爲外國，並採取與外國使節一樣的禮儀。而此次日本政府將琉球人的接待禮儀，從以前的使用對外國的禮儀轉變爲國內禮儀，並不能從單純的禮儀簡省來解釋，而是其吞併琉球重要的一個步驟，是將其併入日本國的一項措施。

8 月 20 日，正院向外務省下達旨意，就琉球人上京之旅館、飲食、寢浴具等進行布置，並給予一萬日元的準備金，並特命大藏省先行撥出五千日元。

8 月 22 日，大藏大輔井上馨向「史官御中」提出報告「琉球人攝政三司官等來朝之接待委任於外務省」的報告，提出：「以往對琉球使入朝的接待，在事實上與歐美各國特派使節的接待沒有什麼差別，但這已經是陳規陋習。但此次將其作爲特殊區域的外賓，這樣就不會涉及到國家主權。如果他們認爲有什麼不妥或不願意，提出抗議之時，也不可授之於把柄。此次接待之禮儀，大致可以看作爲版圖之內，改革舊習漸次達到，與各地方官朝集一般的處置。」〔註12〕

從井上馨的報告中可以看出，日本政府企圖吞併琉球而單方面將琉球使節變爲國內地方官的做法，並沒有事先徵求琉球的同意。日本政府明知道此事涉及到「國權」，也擔心琉球使臣不會接受。

〔註 8〕 （日）《琉球國使來朝接待ノ儀》，JCAHR：A03030095400；《琉球處分》全三冊，《明治文化資料從書》第 4 卷，風間務，昭和 62 年，第 13 頁。

〔註 9〕 （日）《琉球國使來朝接待ノ儀》，JCAHR：A03030095400。

〔註 10〕 （日）《琉球處分》全三冊，《明治文化資料從書》第 4 卷，第 13 頁。

〔註 11〕 （日）《琉球國使來朝接待ノ儀》，JCAHR：A03030095400。

〔註 12〕 （日）《琉球處分》全三冊，《明治文化資料從書》第 4 卷，第 14 頁。

8月24日，外務省租借東京「愛宕下毛利高謙宅邸」，作爲接待琉球入京使臣的旅館。

可能日本政府內部也擔心琉球使節會對接待禮儀變化有所不滿，故外務省特別在9月3日特別向「史官御中」提出了「琉球國使者接待之議」的報告：「如別紙所附大藏省的報告，琉球使者的待遇，不再視其爲外國的使節，但也不能在當天就告訴他們，將其視爲國內地方官的朝見。此次琉球人的來朝，是明治維新以後的第一次，其事務遠比地方官的朝集更爲重要，因此，要讓那些熟悉各國接待禮儀的官員來負責準備各項事務，由外務省權衡掌握比財務省掌握更爲便利。外務省可參照舊的幕府對下接待方式，將琉球人的接待作爲國內事務，不再使用屬國接待之禮儀，但要同於歐美各國特派使節特別事務相當的禮儀。」〔註13〕

從外務省的觀點來看，推斷他們可能還是有擔心琉球人不接受將其作爲朝見大臣的禮儀，不能用屬國禮儀，故將其作爲外國特別使來對待。

（三）參觀軍事設施以進行威嚇

琉球當時赴日本的特使以伊江王子爲首，另外還有宜野灣、喜屋武、山裏、翁長、與世田、伊波、仲嶺、安田、比嘉上士等二十七人，另外，還有鹿兒島縣參事權原與右衛門、同權典事右松五助等十二人。

日本方面認爲琉球民風落後，爲了使這些特使接受日本明治維新後的新思想，外務卿副島種臣向正院提交了「琉球人橫濱及橫須賀遊覽的建議書」：「琉球偏於大海一隅，對西洋各國的兵制及機械工藝等沒有任何瞭解，請求讓這次上京的琉球使，至別紙所附的實地參觀，使他們能夠在短期內獲得大的進步，並請與海軍省與工部省聯繫。」〔註14〕

當時日本政府計劃讓琉球人參觀的內容如下表：

第一	海軍省各種器械	第四	乘軍艦回到橫濱
第二	乘軍艦到橫須賀製炮所	第五	橫濱參觀
第三	製炮所諸器械	第六	乘火車回京

※此表根據《琉球處分》所收藏之《琉球人橫濱及橫須賀遊覽的建議書》中內容整理而成。

〔註13〕（日）《琉球處分》全三冊，《明治文化資料從書》第4卷，第14頁。
〔註14〕（日）《琉球處分》全三冊，《明治文化資料從書》第4卷，第15～16頁。

從上表來看，主要是現代化的軍事相關機械、槍炮及海軍船艦等，其目的可能為威嚇琉球人。

（四）將作為國家主權象徵的「貨幣」賜給琉球

從古代開始就有的可以稱之為貨幣制度，幾千年來都是與國家的主權（也包括諸侯的、城邦的、地區的政治權力）不可分割地結合在一起的。故貨幣的發行與流通，也意味著對這個國家的控制。筆者對琉球當時貨幣制度沒有專門研究，但從日本人所記來看，當時琉球是最早開始仿鑄中國的方孔圓錢寬永、通玉等錢，而且在琉球是做為流通貨幣的，這一方面證明琉球與中國歷史的藩屬關係，也證明中國文化對琉球的影響。日本為實現對琉球的吞併，有計劃地將日本貨幣投放到琉球。

9月10日，為了在經濟上進一步控制琉球，以期早日吞併琉球，日本外務省向正院提出了「為琉球藩內流通而下賜貨幣」的申請，提出：「此值今日琉球國主列為藩臣之時，卻沒有顯示同國之義的貨幣。琉球從來都是寬永、通寶等作為流通貨幣，此時將新發行之新貨幣及紙幣相混合，賜給琉球王三萬元，以感戴皇恩布及全國之潤澤。」〔註15〕

9月13日，正院向外務省下達指令，就日本賜琉球使的禮物及貨幣進行了安排：「琉球國主及使節一併賜給貨幣及物品聽申報已經通過，可早日進行準備，尤其是貨幣按正院所議定，給予國主三萬日元。」〔註16〕

9月15日，日本就下賜給琉球藩王的三萬貨幣，進行了具體的規定，即是各種面值傾向以一定比例，其中金貨（一萬圓）：二十圓五十枚計千圓、十圓百枚計千圓、五圓三百枚計一千五百圓、二圓一千五百枚計三千圓、一圓三千五百枚計三千五百圓；銀貨（各種三千七百五十兩，計一萬五千圓）：五十錢七千五百枚、二十錢一萬八千七百五十枚、十錢三萬七千五百枚、五錢七萬五千枚；新幣（各種一千貳百五十兩）：五圓二百五十枚、二圓六百二十五枚、一圓一千貳百五十枚、半圓二千五百枚。〔註17〕

〔註15〕 （日）《琉球處分》全三冊，《明治文化資料從書》第4卷，第20頁。
〔註16〕 （日）《琉球處分》全三冊，《明治文化資料從書》第4卷，第16頁。
〔註17〕 （日）《琉球國融通貨幣下賜ノ儀》、《藩內融通ノ爲メ貨幣三萬円下賜》，JCAHR：A03030095700、A01000029800。《琉球へ新貨幣及紙幣下賜アラセラレ度旨上申ノ件及二之二對スル太政官決裁》，《日本外交文書》第五卷，外務省編纂，昭和三十年七月十八日，第377～378頁。

（五）封尚泰為「琉球王」列為華族

為使吞併琉球合理化，日本政府決定對琉球王進行冊封，這是日本改變日琉關係最重要的一步。

9 月 14 日，日本政府下詔將尚泰封為「琉球王」，列為華族。〔註18〕天皇在詔書中稱：「朕膺上天景命，克紹萬世一系之帝祚，奄有四海，君臨八荒。今琉球近在南服，氣類相同，文言無殊，世代為薩摩之附庸，而爾尚泰，能致勤誠，宜予顯爵，著升為琉球藩王，敘列華族。咨爾尚泰，當藩屏之重任，立於眾庶之上，切體朕意，永輔皇室。」〔註19〕

在同年 6 月，外務省提出的「琉球處分」三條中，曾經認為將琉球列入華族與日本國內族群沿革不符，如果將其列入華族，就必須將琉球人看為國內的同種人。〔註20〕但到此時，日本已經不顧這些，將「琉球王」直接列入了華族，將琉球人種納入到日本的人種之中。對日本歷史稍有瞭解人都知道，這是 1869 年「版籍奉還」、1871 年「廢藩置縣」政策實施以來的唯一例外。這不僅是琉球人種被納入到日本民族，更是將琉球國變成日本的屬地。

（六）副島種臣提出的琉球藩屬體制

9 月 15 日，副島又擬定了《琉球藩屬體制建議》，提出了吞併琉球的具體計劃。在這份建議書中，「此次代琉球使臣尚泰謹領冊封詔書」的說法，暴露出日本單方面決定了琉球的歸屬。「建議書」所提出的吞併琉球具體建議有五個方面：

> 一、琉球藩從來就與清國有著關係，現在也與福州府商民來往，另
> 　　外也曾接待外國人的來航，屬邊陲要地，故本省官員必須駐勤；
>
> 二、我政治制度漸次宣佈，合適與否根據將來的目的而定，為體察
> 　　該藩租稅、民政及一般風俗，大藏省官員要與本省官員一同前
> 　　往駐在；

〔註18〕　（日）《琉球國使參朝上表貢獻ニ付島主ヲ藩主ニ付シ華族ニ列スルノ勅旨並
　　　　　貨物下賜ノ儀》，JCAHR：A03030095600。

〔註19〕　（日）《琉球國使參朝上表貢獻ニ付島主ヲ藩主ニ付シ華族ニ列スルノ勅旨並
　　　　　貨物下賜ノ儀》，JCAHR：A03030095600。

〔註20〕　（日）《井上大藏大輔琉球國版籍收入建議並左院　問答議》，JCAHR：
　　　　　A03030095100。

三、賜琉球王一等官銜；

四、將尚泰列為華族，其待遇要豐厚，使其歸向之志堅定，重要的
　　是，在東京府下，賜給豪宅庭院；

五、賜給琉球藩王相應衣冠裝束及用品。〔註21〕

從建議書的內容分析，日本明確要釐清琉球與中國的藩屬關係，將其列為自己的邊陲要地，同時，將琉球的外交權移交至日本外務省，由外務省派遣官員在勤，同時大藏省也派遣駐琉官員，將日本的政治制度漸次頒佈於琉球，使之租稅民政與日本一體化，並將尚泰任命為日本政府官員。

由於日本政府代琉球國王領受了 9 月 14 日日本政府的詔書，琉球國王被動地從一國之君，變成了日本的一等官。

（七）單方面完成吞併琉球計劃

9 月 27 日，日本政府的外務及大藏兩省向琉球派出了政府官員。〔註22〕

9 月 28 日，太政官向外務省及琉球藩同時提出：「將以前琉球與其它國家締結的臨時條約，及以後的交涉事務，交由外務省掌理。」〔註23〕

其後，太政官又向正院、外務卿副島種臣及琉球藩提出相同的通達。這些通達沒有標日期。但其內容明確將琉球的外交事務，歸併日本外務省。這意味著具有琉球國家主權象徵〔註24〕的「對外獨立權」，至此消亡。

另外值得注意的是，在同份資料中，還附有美國公使德朗寫給外務卿副島種臣的書信，以及副島種臣給德朗的回復書信。而所謂琉球與其它國家締

〔註21〕（日）《副島外務卿琉球國藩屬體制建議》，JCAHR：A03030095800。
〔註22〕（日）《外務大藏兩省官員琉球派出達》，JCAHR：A03030096100。
〔註23〕（日）《琉球藩於テ各國取結條約自今外務省管轄並小笠原島同藩所轄達付副島外務卿米國公使往復書》，JCAHR：A03030096000。
〔註24〕主權指的是一個國家獨立自立處理自己內外事務，管理自己國家的最高權力。主權是國家區別於其他社會集團的特殊屬性，是國家的固有權利。其表現有三，一為對內最高權，即國家對它領土內的一切人（享有外交豁免權的人除外）和事物以及領土外的本國人實行管轄的權力，有權按照自己的情況確定自己的政治制度和社會經濟制度；二為對外獨立權，即國家完全自主地行使權力，排除任何外來干涉；三為自衛權，即國家為維護政治獨立和領土完整而對外來侵略和威脅進行防衛的權力。主權是國家作為國際法主體所必備的條件，互相尊重國家主權是現代國際法確認的一條基本原則。喪失主權，就會淪為其他國家的殖民地和附屬國。主權和領土有著密切的聯繫，國家根據主權對屬於它的全部領土行使管轄權，反過來，主權也必須有領土才能存在和行使。

結的條約，主要是指 1854 年 7 月 11 日美國與琉球在那霸所定的條約，其涉及到自由通商、船舶補給、人員安全等事項。

德朗在信中寫道，知悉日本合併了琉球使其成為日本一部分，並提醒其注意美琉間在 1854 年 7 月 11 日簽訂的「規約」。副島在回信中，明確表示日本政府將繼續維持遵行此「規約」。〔註 25〕

從此份歷史記錄來看，當時美國已經明確知道日本欲吞併琉球，但並沒有提出異意，並提醒日本維持其與琉球的條約，這不能不說美國在日本吞併琉球事件上，持一種認可或默許的態度。這也可以理解為什麼美國駐日公使德朗，在明確知悉日本政府有意利用「山原號難船事件」出兵臺灣時，還積極幫助介紹美國人臺灣通李仙得的一個原因。

9 月 29 日，太政官發佈第 294 號令，任命琉球王尚泰為一等官，並賜予東京府下飯田町樋木阪邸宅。〔註 26〕

這樣由日本政府單方面的決定，尚泰，從具有獨立王權及領土疆域的琉球國王，變成了日本政府內部僅具有一定權力的一等官員，其國家主權象徵中的「對內最高權」，也被日本政府剝奪。

10 月 10 日，大藏省向正院提出申請，免除了琉球債務二十萬円。〔註 27〕

10 月 12 日，日本以琉球內部流通貨幣為「寬永通寶」為由，下賜三萬元大小貨幣，以在琉球流通。〔註 28〕

10 月 15 日，琉球伊江王子尚健率領王室成員，赴東京祝賀明治天皇親政。明治天皇給予特別的禮遇，冊封尚泰琉球王，列位與日本舊藩主相等的華族地位。〔註 29〕

琉球的藩王成為日本華族，自然琉球民族也就成為日本民族的一部分。日本政府通過以上步驟，實際上將琉球由一個獨立的王國，變成了日本的一個屬地。

〔註 25〕 （日）《琉球藩於テ各國取結條約自今外務省管轄並小笠原島同藩所轄達付副島外務卿米國公使往復書》，JCAHR：A03030096000。

〔註 26〕 （日）《琉球藩王一等官取扱並邸宅下賜ノ儀》，JCAHR：A03030096200。

〔註 27〕 （日）《琉球藩負債消卻ノ儀》，JCAHR：A03030096500。

〔註 28〕 （日）《琉球ヘ新貨幣及紙幣下賜アラセラレ度旨上申ノ件及二之二對スル太政官決裁》，《日本外交文書》第五卷，第 377～378 頁。

〔註 29〕 戴寶村著，《帝國的入侵：牡丹社事件》，第 16 頁。

小結

日本左院就琉球事務所作的議決，開啓了近代日本對外領土擴張的第一步，也是吞併琉球所謂「琉球處分」的正式出臺。日本開始著手出臺「吞併琉球」的具體政策，在沒有事先告知「琉球國王」的前提下，開始實施對「琉球國」吞併。日本政府在沒有告知琉球國王的情況下，通過一系列的內部決定，單方面將琉球的外交事務納入外務省，將琉球的「對外獨立權」剝奪；又通過對琉球王一等官的冊封，使琉球王「對內最高權」也被日本政府所取代。又由於前述日本琉球駐兵之事，構成主權三要素之一的「自衛權」也早已喪失。日本通過單方面的吞併計劃，使象徵琉球主權獨立國家的「對內最高權、對外獨立權及自衛權」都基本喪失，使琉球由一個獨立的王國，變成了日本的屬地。只是此時的琉球上下，還被蒙在鼓裏。

吞併琉球，事實上的控制固然重要，但與其宗主國清朝脫離關係才是其中最關鍵的，也是明治新政府當務之急。正當日本朝野無計可施之時，恰巧發生了琉球「山原號難船事件」。日本原無意利用此事件，但美國駐天津公使威妥士向在北京修約的柳原前光建議利用此事件出兵臺灣，使日本抓到了極好的藉口，找到了實現「琉球處分」的突破口。他們利用左院議定的「與我同盟的東西方各國，依我信義與其交往，如果毀其信義，即屬於侵犯我之土地。」〔註30〕藉口「山原號難船事件」，出兵中國臺灣，藉以釐清琉球與中國的關係，同時在國內加緊了吞併琉球的步伐。

〔註30〕（日）《井上大藏大輔琉球國版籍收入建議並左院 問答議》，JCAHR：A03030095100。

第四章 「羅妹號事件」與美國介入日本侵臺事件

　　1784 年 8 月，美國商船「中國皇后號」第一次抵達中國廣州，這是美國與中國的第一次正式接觸。鴉片戰爭以後，美國也想藉此東風取得中國的一些特權，因此時任美國總統的泰勒（John Tyler）派曾任國會議員的顧盛（Caleb Cushing）赴中國進行通商談判，並於 1844 年 7 月 3 日簽訂了中美《望廈條約》。美國通過此條約取得了大部與英國人基本相同的權益，還包括廣州、廈門、福州、上海及寧波五口通商之權力。五口通商使美國與臺灣之間開始有了密切的接觸。《望廈條約》簽訂以後，美國商船經濟往來於上海與廣州之間，因此也發生了在臺灣海峽遇見風暴漂流到臺灣的「漂流民事件」，引起美國政府的注意。美國駐華代辦伯駕（Peter Parker）開始調查臺灣地區漂流民事件的眞相，認爲西方各國政府應當負起保護責任，並提請美國國務院關注此事。美國接到伯駕的報告後，於 1854 年命令遠征日本的東印度艦隊司令佩里（Matthew Calbraith Perry）搜尋在臺灣沿岸遇難失蹤的美國人員。是年 7 月 21 日，美國船「馬其頓」號抵達基隆，開啓了有史以來第一次與臺灣的接觸。美國此次軍事行動事前沒有通告清政府，這爲後來接二連三的美國及日本在不知會中國政府的情況下擅自軍事登島的行爲提供了先例。而佩里也曾向美國政府提出建議佔領琉球及臺灣，但沒有得到美國政府的支持。此後，美國商人開始到臺灣南部的高雄等地從事非法貿易。1858 年 6 月，美國又趁第二次鴉片戰爭，迫使清政府簽訂了《中美天津條約》，而根據此條約，1861 年，臺灣正式向美國開埠，美國商人可以在臺灣居住及貿易。此後 1867 年的「羅

妹號事件」，使美國再次出兵臺灣，並與臺灣番人私自簽訂約定，這成為日本出兵侵略臺灣被援引的先例。而「羅妹號事件」，究竟是怎樣的海難事件？清政府的處理此事件中有什麼疏漏，為什麼在處理此事件中美國艦隊沒有清政府的許可，直接出兵到達臺灣？李仙得為什麼又能與番人私自簽訂約定？對美國對日、對清態度有何影響？

一、「羅妹號事件」的處理及影響

在臺灣開埠以前，就已經有美國船隻在臺灣附近遇見的海難事件發生。1861 年開埠的當年 11 月，美國商船「柔間地鳌（Iskanderia）」號至打狗購運大米後赴廈門，途中遭風漂流至嘉義地區布袋嘴洋面，距離臺灣府三十華里處擱淺。船主路得士（Frank J.Ruders）等曾赴臺灣府城請求援助，但臺灣府官員行動遲緩，所派官兵趕到出事地點時，船上的物品已經被洗劫一空。路得士認為清政府官員未能按照中美天津條約的規定，及時救護該船，致使該船貨物及船員財物等盡被劫掠，值計達一萬八千元。路得士因此向廈門美副領事海雅特（T.Hart Hyatt.Jr）申訴，並與臺灣地方政府進行交涉，要求中國府負責賠償，但最終未能獲或滿意的結果。〔註 1〕

1862 年時 11 月，美商三桅帆船「福星」號，由上海裝運棉花駛赴香港，航經臺灣海峽洋面遇颱風，漂至淡水西南約二十英里的地方擱淺。船主納爾遜（Charles Nelson）八人抵岸後即遭到岸上眾人的威逼將其衣服首飾全部掠走，船上的貨物也被洗劫一空。〔註 2〕

美國公使蒲安臣（Anson Burlingame）對上述兩起「漂流民」事件，深表同情，認為清政府雖在條約上沒有賠償的義務，但他同時亦認為清政府在行政上依然有不可推卸的責任，但由於其對中國友好的態度，最後事件不了了之。由於蒲安臣的寬容，致使上述海難事件並沒有引起清政府的足夠重視，特別是臺灣地方官員懈怠依舊，致使李仙得（1866 年）任美國駐廈門領事同時兼任臺灣領事後，發生的「羅妹號」事件，使美國對臺政策發生重大變化，並導致李仙得對臺灣地方官員及清政府失去信任，最終支持日本政府出兵臺灣。

〔註 1〕 黃嘉謨著：《美國與臺灣》，中央研究院近代史研究所，2004 年，第 195～196頁。

〔註 2〕 黃嘉謨著：《美國與臺灣》，第 196 頁。

1867年3月9日，美國商船「羅妹號」自汕頭駛赴牛莊（煙臺），該船行駛兩日後，突然遭遇颶風，經過長時間的漂泊後，該船在臺灣南端洋面的紅頭嶼附近沉沒，船長赫特（Hunt）夫婦及船員等共14人，分乘兩隻舢板，劃行17小時，在琅嶠尾龜仔角鼻山附近登陸，喘息未定，即被來自附近森林中的番人槍手射殺，僅1華人水手僥倖逃走，後經商民協助，乘船至打狗報案。

英國副領事賈祿（Charles Carroll）接報後，立即函請臺灣道臺就此事進行嚴格究辦，並通知在打狗停泊的英輪「科摩輪」（Cormorant）號駛往出事地點進行救助。

臺灣道臺吳大廷得知此事後，命令鳳山縣令及南路營參將一同前去查訪，但參將回報說道：「生番行同獸類，不可理喻，且該處樹林叢雜，生番匿迹放槍，特其長技，難以用兵」，希望就此息事。〔註3〕

「科摩輪」號艦長布洛德見此情況，立即決定啓航前往出事地點，希望贖回可能未遇害的船員。3月26日，該船到達現場，英軍剛剛登陸，即遭到來自附近叢林的猛烈槍彈襲擊，他們不願冒險前進，只好退回船上，發炮轟擊隱藏在叢林中的生番之後，悻悻而歸。〔註4〕

4月1日，「羅妹號」事件的消息傳到了廈門，當時兼任臺灣領事的美國駐廈門領事 Charles William Le Gendre，也就是李仙得（他是1830年8月26日生於法國的名族，巴黎大學畢業。後與美國籍女士結婚，赴美定居，在美國南北戰爭中，其戰功卓著。1866年12月始，李仙得任此職。）立即起身趕赴福州，準備乘美國炮艦「亞士休洛」號前往臺灣，向當地官府要求救濟與賠償，並函報北京美使館及華盛頓政府，請示對策。

李仙得到達福州後，就與當時的閩浙總督吳棠及福建巡撫李福泰進行交涉，要求按照中美天津條約，嚴令臺灣地方官員救出遇害人員，並嚴行懲處生番。吳棠及李福泰以李仙得並未備文申陳，不便行文為辭，僅命通商局總辦尹西銘等函請臺灣府查明，轉報臺灣道臺嚴令地方官員緝拿懲辦兇手，「以正國法而柔遠人」，並特別地強調如果美國領事自行帶兵查辦，必須力阻，以防止節外生枝。〔註5〕

李仙得非常不滿清政府官員的做法，於4月11日親乘「亞士休洛」號從

〔註3〕《同治籌辦夷務始末》卷四十九，第43頁。
〔註4〕黃嘉謨著：《美國與臺灣》，中央研究院近代史研究所，2004年，第202頁。
〔註5〕黃嘉謨著：《美國與臺灣》，第203頁。

福州出發，前往臺灣。翌日，抵達淡水，與當地官員往還拜會，咨訪臺灣當地情況。李仙得與「亞士休洛」號艦長費米日於 18 日前往臺灣府，分別將準備好的中英文照會送至臺灣鎮總兵劉明燈、臺灣道臺吳大廷處，陳述了「羅妹號」失事船員登陸臺灣南端遇害事實，要求設法救回可能幸存人員，並迅速派官兵搜捕凶番，嚴加懲辦，並表示「亞士休洛」號官兵將全力協同配合辦理。

但劉明燈及吳大廷對此項要求並沒有積極響應，而是採取了推卸責任及拖延時間的辦法，其答覆李的照會中云：「查臺地生番，穴處猓居，不隸版圖，為王化所不及。是以我國早有土牛之禁，士庶商民，不准擅入。又於各番隘口多設隘丁，重重防護，所以避兇悍而嚴出入也。今該船陡被風災，誤陷絕地，誠為思慮防範所不及。若苟可盡力搜捕，緝獲懲治，斷無不飛速檄行，以負我朝中外和好之意。更無煩貴國兵力相幫辦理，設或損威失事，愈抱不安。除再飭鳳山營、縣派發兵役設法查辦外，所有貴國兵船會辦此案之處，請不必行。」〔註6〕

劉明燈等人的答覆照會，竟然說番地「不隸版圖」。此種說法雖可以理解其為推諉責任的說辭，但在通曉國際法的美國人心目中，顯然會對臺灣番地的所屬產生疑慮。

清政府臺灣府官員對生番區域的說辭，是按照當時清朝王化現狀做出解釋，未曾瞭解到近代國土疆界的主權規定，同時，又不懂國際慣例，忽視了保護遇難船民義務的規定，引起美國人李仙得的不滿。更為嚴重的是，這種做法讓熟悉國際法的李仙德，對番地的所屬產生了質疑。這也為日後日本處理琉球遇難事件留下了口實。日本政府就是利用了李仙得出兵臺灣這個先例，將中國政府所說的「王化不及」，直接對應成「政權不及」，「政權不及」就是「無主之地」，「無主之地」日本就可出兵佔領並統治此地。當時中國地方官對國際法的不熟悉，給日本出兵臺灣提供了可資利用的疏漏。

李仙得等接到照會後感到非常失望，於是在 4 月 21 日親率「亞士休洛」號由臺灣府港南下打狗、琅嶠（今臺灣車城附近）等處查探消息，據他們觀察得到的情況是，臺灣地方官府未設法營救「羅妹」號人員，也未派遣官兵對付生番。三天後，「亞士休洛」號到達「羅妹」號出事地點，企圖與生番交

〔註6〕 《臺灣鎮劉明燈等分致李讓禮暨費米日照會》，同治六年三月十五日，參見：《美國與臺灣》，第 204 頁。

涉，贖回未被害船員及遇害人的屍體，但是沒有人敢上岸傳遞消息。艦長觀察了當地的地形，認為當時正值林木繁茂季節，很難縱火焚燒；在炮火掩護下，登陸該地雖然不至於有太大損失，但是，要在登陸後越過鼻山以東地方，至少需要一百五十人以上的兵力，才可成功。於是「亞士休洛」號只好在當晚回航廈門。〔註7〕

「羅妹」號的失事，船員的遇害，以及英艦「科摩號」、「亞士休洛」號營救未果的消息，經香港中國郵報於4月6日報導後，香港美國領事阿倫（Isaac J.Allen）馬上向美國國務院提出建議，認為美國應當奪占臺灣：

一、美國在東方的商務利益繁鉅，而且日在增長，美國實應在東方領有自己的商港或商務站，以適應東來的美商要求；

二、歐洲的商業國家均已在東方領有基地多處，英、法、俄等國且有分享中國本部利益的企圖，美國迄今未能分沾，最近英、俄兩國且有攫取臺灣島的野心，美國更不應到處讓人占其先著；

三、美國在中國海岸並無商港或海軍港，所有來華商船或兵艦，一向都在他國國旗掩護下的地方停泊，一旦美國與其它歐洲國家發生戰事，東來美船美艦的行動，勢必受到限制；

四、美國即使沒有在海外擴張領土的興趣，但為保護美國在海外的重大利益，自當別論，而領有臺灣一著，實為保護美國在東方商務利益的最大關鍵；

五、臺灣的地理位置，適於作為美國控制中國與日本海的基地，且其氣候宜人，土壤肥沃，木材與煤產豐富，港灣盡可改進，條件尤其優越；

六、中國領有臺灣領土，不及一半，且有名無實，島上東部及南部地方，仍為生番居地，維持獨立，「羅妹號」事件的發生，即其例證；

七、若干睿智的美國人士，曾極力主張美國可以支付價款的方式，購取臺灣，建立美國居留地與港口，此輩人士且表示願意貢獻所需要的借款；

八、臺灣如歸美國領有，以往由生番釀成的野蠻風氣，自可迅即消失，進而成為歐美對華商務的安全通道。〔註8〕

北京美國使館方面，直到4月22日，才從英使那裡得到關於「羅妹」號船員遇害、以及英艦營救未果的詳細報告。

〔註7〕黃嘉謨《美國與臺灣》，第205頁。
〔註8〕同上，第206～207頁。

　　美國公使蒲安臣便攜帶事先收到李仙得關於此事的傳聞簡報，向總理衙門提出照會，要求嚴辦此案殺人罪犯，並防止類似事件發生，確保臺灣沿岸往來船隻的安全，最後特別聲明即刻通知美國艦隊司令派遣兵船前往臺灣，商同該處地方官府查辦。〔註9〕總理衙門除向美使表示歉意外，答應即刻飛告閩省督府，嚴飭臺灣地方官員趕緊查辦，務將凶徒懲治。〔註10〕

　　雖然美國駐北京公使向中國政府要求處理，中國政府也做出了辦理的承諾，但是美國亞細亞艦隊司令柏爾卻認為，臺灣島上隸屬於中國的地方，僅限於西部沿岸、琅嶠以及東北部的蘇澳等地，其餘東部及東南部，全為生番居住地。由於生番地區並無官府，交涉對象乏人，柏爾決定親率艦隊前往征討。但他感到搜索那些形如猿猴的敵人，困難重重，實無成功的把握。因而向美國海軍部長建議，除非由美國及各國駐華公使聯合行動，促使北京政府實行佔領臺灣東岸及東南岸一帶地區，驅使生番更進一步退入內山，勢無其他可行的辦法，足以永久阻止生番殺害失事遇難海員的暴行。〔註11〕

　　柏爾率領旗艦「哈德福」號和「懷俄明」號戰艦，由上海啟航，途中他命令兩艦艦長先行挑選登陸的士兵，挑出 181 名精兵，分別配備適於登陸作戰的武器用品，包括榴彈炮 5 門，普里穆斯槍 40 枝，沙普來福槍 80 枝，槍炮彈藥充足，並各攜帶四天口糧及飲水。6 月 13 日上午 8 時半，兩艦同時駛至臺灣南端海灣停泊，9 時整，登陸部隊分正側兩面在龜仔角上岸，由「哈德福」號艦長柏樂內指揮。柏爾留在艦上坐鎮指揮，他用望遠鏡觀察登陸的情況。由於該處叢林茂密，美軍行動相當困難，目標難免暴露。生番的番民發現美軍前來，立即集合準備應戰，他們步步埋伏，且戰且退。美軍雖然英勇地跟蹤追擊，終因地形不熟，徒勞奔波。

　　下午 2 時，美軍大隊暫行休息，由「哈德福」號副艦長麥肯基率領十名士兵擔任警戒。番民乘此機會，實行集中襲擊，麥肯基首當其衝，中彈身亡。柏樂內鑒於形勢不利，下令全隊退回海灘，準備在岸上過夜，再想辦法，後又考慮到登陸官兵經過烈日暴曬，早已疲憊不堪，難於在叢林中執行防衛的任務，決定全部退回艦上。柏爾根據自己士兵皆為水兵，難於對付善於隱藏

〔註 9〕　蒲安臣致恭親王照會，丁卯年三月十九日（1867 年 4 月 23 日），見北京美國使館〈來去底稿〉，卷三。

〔註10〕　恭親王致蒲安臣照會，同治六年三月二十五日，見北京美使館〈來去底稿〉，卷三。

〔註11〕　黃嘉謨《美國與臺灣》，第 209 頁。

襲擊的生番的實際，決定不再登陸作戰。在全部撤退之前，柏爾曾下令焚燒生番出沒的叢林，但因綠葉繁茂，難以點燃，只好下令返回。經過此次登陸作戰，柏爾對生番的認識出現了改變。柏爾向美國海軍部長的報告中修正了先前的觀點，認為今後阻止生番殺人暴行的有效辦法，唯有由臺灣地方政府實行佔領南端港灣地方，在兵力的保護下，另行建立中國人的居留地，取代那些為數不多的生番，庶可彌補失事海員受到殺害的禍患，此則有待於美國公使在北京採取有效的行動。〔註12〕

柏爾在親身經歷了與生番對抗的過程後，體驗了中國處理生番騷擾的困難，認為解決問題的辦法還是由中國地方政府向南端開發擴張，逐漸取代那些生番，以杜絕殺害遇難海員的事件。

美國艦隊官兵在龜仔角登陸並受挫的消息，經當地官員報到臺灣府城，臺灣鎮劉明燈、臺灣道吳大廷等非常詫異。他們認為在此之前已經對費米日及李仙得等說明了生番的情況，此次美國兵船事前未經知照，又不就近約同當地官員商辦，只知恃強深入番地，導致事情挫敗和人員傷亡，當然是咎由自取。不過美軍既有再來剿辦的說法，劉明燈、吳大廷等為謀應對，決定將原派出酌情查辦本案的官兵調回，僅令臺灣知府命該地文武，一面安撫琅嶠附近莊民，挑選屯弁屯兵於琅嶠附近的水底僚一帶駐防，懸立重賞，密約熟番乘間代謀，如探知美國兵船再至旗後，應立即前往設法阻止，以免仇隙越結越深，致成糾纏不了的局面。〔註13〕

對於美國此次出兵，臺灣府深為不滿，埋怨美軍事先未照會，單方面採取武力行動，但卻不知利用國際法提出抗議，還是沿襲舊法，未在國際間發出自己的聲音，只是採取自我屯兵，防守美軍再來的措施。而且單純地將此事件視為美國與生番間結仇，尚未上昇到國家間的爭端層次。

由於柏爾征討的失敗，李仙得把希望再次轉回到清政府官員手裡，而且劉明燈、吳大廷等也允以「再飭鳳山營、縣設法查辦」之諾。但鳳山知縣吳本傑、南路營參將凌定邦等派員調查後認定，「羅妹」號出事地點在龜仔角鼻山附近，距離琅嶠五六十里，「其地盡係生番，並無通事，水路則礁石林立，船筏罕至，陸路則生番潛出，暗伏殺人」，且船員遇害地點，「係在生番界內，其行劫凶番，又係生番，並非華民，該處既未收入版圖，且為兵力所不及，

〔註12〕黃嘉謨《美國與臺灣》，第 211 頁。
〔註13〕《同治朝籌辦夷務始末》卷四九，第 44～46 頁。

委難設法辦理」。〔註 14〕劉明燈、吳大廷等認為吳本傑等的報告所述確屬實情，據以照會李仙得，「生番行同獸類，不可理喻，美國大國大量，當不屑與其計較」。

臺灣府的說法確實是當時生番的實際情況，同時為了息事寧人也把生番的管理現狀加以淡化。把因為考慮實際情況，而尚未設置行政管轄的特殊少數民族邊遠區域，推託成並非華民，也可能是並非漢民族的意思，但從西方人的國際法角度，卻也容易理解成並非本國國民的解釋。而且兵力不及確是事實，中國內地也有此種情況存在，國內的反政府起義常常是因政府在初期未能及時派兵鎮壓，導致星火燎原之結果，何況隔海臺灣島嶼之邊陲。但臺灣官員所指的版圖，似乎並非近代西方國際法所說的國土一詞，其正確的理解，應當是臺灣移民和已經漢化的原住民，為防範尚未漢化的生番，人為設置的阻隔線。

李仙得收到劉明燈等的照會，很是沮喪。馬上覆照予以反駁。覆照要點如下：

一、上次李讓禮與費米日船長至臺，臺灣鎮、道等一再在書面上及口頭上承認「羅妹」號船員在中國境內遇害，表示即行查辦，現已遷延數月，錯過了救回幸存船員及收埋死者屍體的機會；

二、上次會談，臺灣鎮、道等堅持自行查辦，拒絕美艦官兵協同辦理，結果是空說不辦，如果當時就聲明不管，美艦既已至臺，何難自行處理；

三、臺灣鎮、道等歷次照會，並未表示不知出事地點的所在，也未曾否認該出事地點屬於中國管轄，現在卻根據所屬官員的報告，認定「羅妹」號船員遇害地點不屬中國管轄，凶徒並非華民，遂行盡翻前議，美國疑難承認；

四、臺灣東南、西南以至南端附近洋面，為歐美商船往來中國及其附近地區貿易所必經的航線，由於該處風暴時起，往往迫使船隻駛赴臺灣南端港灣暫避，各國為人道計，當然希望臺灣官府能在此一地區負起保護的責任，否則西歐各國勢必自行處理；

五、美國在中國及其附近地區的商務繁鉅，而且日趨擴大，如果中國不能保障臺灣附近航線的安全，而其它各國為保護其商務利益而實行控制臺灣南部地區，美國雖無在中國掠取領土的意圖，也必樂於看到各國採取此類保護航務的措施；

〔註14〕《同治朝籌辦夷務始末》卷五十，第 10～12 頁。

六、兩百年來,中國人在臺灣的活動地區,隨著中國政府在臺灣的行政權力,由西岸以至東岸,逐步擴張,事實上從未承認生番領有其現住土地的主權,西岸的居民,經常販購生番地區的物產,而生番地區出產的樟腦,已成為臺灣官府的專賣品,不容外人自由採購輸出,違者嚴行懲治,所謂生番地區不屬中國管轄的說法,實毫無依據。〔註15〕

由於劉明燈等對李仙得的照會遲遲不作答覆,李仙得又託福州關稅務司美里登,將照會轉陳閩督吳棠及閩撫李福泰,並提出要求:中國應即查辦此案,證實確已採取查辦此案的措施,駐兵臺灣南端以防止生番的擾害。吳、李認為臺灣鎮、道處理本案的報告實有不妥之處,不應以委難辦理的語句,決絕照覆,致令美領事有所藉口,又恐美國若再次出兵生番,勢必節外生枝,於是經美里登轉達李仙得的要求,允即行嚴飭臺灣官員查辦,另派熟悉臺灣事務的前任鎮總兵曾無福等前往臺灣,協同臺灣鎮、道查辦,務將滋事凶番緝獲懲治,查起被害人屍體交領。〔註16〕

閩督及閩府的答覆,使李仙得覺得所要求的第三項雖未解決,前兩項則已商有具體的辦法,遂致函亞細亞艦隊司令柏爾,請派軍艦一同赴臺監視臺灣官員執行閩省督府命令的情形,乘便救出或尚未遇害的船員,收回死者的屍體。他一再要求吳棠等從速採取行動,在臺灣南端設官駐兵;且藉口官方不願美國兵艦赴臺,要求另派專輪供其使用。

9月6日,李仙得乘專輪到達臺灣府,要求劉明燈、吳大廷等立即執行閩省督府的命令,同時聲明他本人將隨同官軍,親自視察。劉明燈、吳大廷等聞聽李要一同前往,覺得很麻煩,便試圖讓李打消此念頭,他們推說查辦事關重大,必須部署周全,難免延緩十日;前隊官兵雖已出發,大隊仍未準備就緒;鎮臺在動身以前,尚有不少要公待理;且由臺灣府南至生番地區,道路遼遠崎嶇,甚至向無道路,危險萬分,官軍前進需特別戒慎,如果領事隨行,中國官府不負保障安全之責。

李仙得認為臺灣官府是在企圖規避執行閩省督府的命令,以免加重行軍經費負擔,再者如能避開美領事的監視,自必無需多費,便可飾詞謊報,搪塞結案。於是他堅決要求,勿再宕延空談的時間,否則他即折回福州,直接要求閩省督撫查辦。

〔註15〕黃嘉謨《美國與臺灣》,第213頁。
〔註16〕同上,第214頁。

　　總兵劉明燈沒有辦法，便於 9 月 10 日，率兵南下，李仙得和翻譯一同前往。沿途道路狹窄，勉強能夠通行。到了枋僚，先由民夫伐山開路，歷時七天，9 月 23 日，才到達琅嶠。由於臺灣官府已經事先派人張貼告示，講明此次官軍前來剿辦生番的目的。附近莊民和熟番聞訊，勸生番不要抵抗官軍，以息事端，來到官軍營地陳述生番悔罪的態度，並保證以後不再由殺害船員的行為，請求罷兵。

　　李仙得認為罷兵一事與閩省督府的命令不符，但如生番確已悔罪，可以按照他所列條件作為辦結的考慮：一、由十八番酋長卓杞篤親自向李謝罪，並作不再發生類似行為的保證；二、由琅嶠至龜仔角一帶的閩粵各莊及熟番具結作上項保證；三、生番交還「羅妹」號人員屍首贖款及船上物品；四、中國於臺灣南端建設堡壘，保護過往船員。後又就這些條件加以細釋，增為八款，備文請劉明燈照辦。〔註17〕

　　劉明燈接受李仙得的要求，招十八番酋長卓杞篤前來會晤。但李仙得卻避開清官員，私下裏利用通諳臺灣方言的英商北麒麟，通過當地各莊及熟番頭人的關係，與卓杞篤暗中來往。10 月 10 日，李仙得與卓杞篤會見，在李仙得的威脅利誘下，卓杞篤終於屈服，雙方協議如下：

　　一、生番對殺害羅妹號船員一事表示悔過，美方不予深究；

　　二、嗣後船員遇風漂至該處登岸，生番妥為救護，移交琅嶠地方轉送前途；

　　三、船隻人員如擬友善登陸生番地方，應舉紅旗為號；

〔註17〕李仙得所提合約八款，後經萬國公報（卷七，34 頁）刊載如下：一、和約後，所有前失羅妹商船內對象，限二日內由二府轉交敝領事查收。二、前有洋人到琅嶠贖回骸骨所費銀元若干，著令生番及閩粵頭人贖出，交二府轉交。三、置炮臺於龜仔角高阜處，此臺名曰羅妹炮臺，並起造官一員兵五百名營房。臺內安大炮四門，大炮子二百顆，不時安在臺內，每兵配鳥銃一杆，各配藥子六十門，其炮臺如損壞，責令生番閩粵各頭人修葺。營盤口豎大旗一杆，書中華字樣，嗣後如有洋人遭風，可赴臺內逃難。四、如有洋人遭風逃生，無論生番及閩粵人救之炮臺內者，每洋人一名，賞火藥五斤，鉛板二十五斤。五、凡有嗣後來往船隻遭風，仍被生番戕害者，每洋人一名要生番五人償命，並罰銀五百兩，閩粵各人如犯者，亦同此罪。六、琅嶠應添設文官一員，炮臺內設武官一員，文武二員，專責管理生番及閩粵人。七、無論各國商船停泊炮臺外，上山打水，臺內官兵前去照護。八、和約後，閩粵及生番永遠交好和睦，凡有船隻遭風，盡力相救，無負前約。參見黃嘉謨《美國與臺灣》，第 222～223 頁。

四、生番地區不得設立燈檯，但可於熟番區域擇地設立。〔註18〕

而當李仙得與生番達成協議之時，清軍業已完成對生番的三面包圍，形成進逼生番巢穴之勢。經過一番談判，李仙得於 10 月 15 日照會劉明燈，略述他與卓杞篤協議的經過內容，聲明只求閩粵各莊及熟番頭人，具結保證生番不再有類似行為，否則該頭人等願協同抓捕兇手解官懲辦，本案即可和平解決。並認龜仔角生番之殺害船員，原屬昧於中外條約的規定，此後如果有意遵守條約，其過去罪行自可寬恕，無需懲辦，即可撤兵，至於官軍在馬鞍山設立的臨時炮臺與營房，則請予以保留，以待商請閩省督府同意後，再在該處建立永久性的炮臺，設官派兵駐守，依照條約保護遭風遇難的歐美船員。〔註19〕劉明燈對此完全同意，於是雙方將歷次協議的原則，做成章程十條，並取得當地閩粵各莊及熟番頭人的保結，照會李仙得就此結束軍事行動，〔註20〕李仙得當然毫無異議。

如上所述，1867 年美國「羅妹號」難船事件，是幾千年來發生在中國東南沿海極普通的一起海難事件，但由於隨著近代國際法的流行，美國要求清政府能按照國際法來處理此次難船事件，但清政府特別是臺灣當地的官員，對國際法並不知曉，故在處理此事件中，出現了很大的疏漏，使美國沒有直接照會清政府，就將艦隊直接開赴臺灣；也由於臺灣官員處理此事件時再三推脫，使李仙得有機會與番人私自簽訂協定。總之，清政府官員處理此事件的種種不周延，使美國在東亞利益受到損害，致使美國對清政府非常不滿，故才有以後的威妥士的出兵臺灣建言，才有美國駐日公使德朗積極地為日本出謀劃策，才有李仙得的二等出仕，幫助日本藉口「山原號難船事件」出兵侵略中國臺灣！

二、美國公使德朗向日本介紹「臺灣通」李仙得

日本明治政府接受美國人威妥士的忠告後，意欲利用琉球「山原號難船事件」，開始醞釀如何藉此事件來釐清與琉球的關係。當時外務卿副島種臣得知美國曾於 1867 年因「羅妹號事件」，在駐廈門領事李仙得率領下，征討過臺灣番地，便於 1872 年 9 月 23 日，向美國駐日公使德朗瞭解此事件當時的具體情況。

〔註18〕黃嘉謨《美國與臺灣》，第 217 頁。
〔註19〕黃嘉謨《美國與臺灣》，第 218 頁。
〔註20〕《同治朝籌辦夷務始末》卷五四，第 28～29 頁。

關於美國駐日本公使德朗（C.E.De Long），筆者沒有查閱到更多資料。而黃嘉謨對其的描述為：「這位曾被橫濱及上海西報指為智力未臻成熟的美國代表，一向輕信日本的宣傳，為達到協助日本以尋求美國利益的目的，往往不擇手段。」〔註 21〕從黃嘉謨的分析來看，德朗可能為性情中人。但這不能是作為美國公使的德朗，積極出面幫助日本的原因，其原因歸根結底是在於美國對東亞的政策。

當時美國政府中有一些人，擔心日本也如中國一樣出現反對近代化的傾向，因此懼怕日本與中國結成同盟。美國國務卿在 1872 年 12 月 30 日寫給德朗的信中說：「殷切希望閣下，在日清外交相關事務上，與日本當局者會談之時，影響日本外交方針的目的，是讓他們盡量採取遠離支那的排他的政策，並與列國進行自由的商務及社會交際的進步政策。」〔註 22〕

而此時日本正擬以「山原號難船事件」出兵臺灣，以釐清與琉球的歸屬關係。外務卿副島種臣知道美國海軍曾與臺灣生番交過手，特向德朗公使詢問其作戰經過，並商議欲借美國海軍所有的臺灣內山及港灣地圖。

副島與美公使德朗的接洽，究竟是日本知道李仙得途經臺灣的有意所為，還是歷史的巧合，目前沒有資料來證明。但路過日本的李仙得，確實攜帶著整套的臺灣地圖和照片，另外還有一些臺灣的相關資料。

黃嘉謨所著的《美國與臺灣》中記述，德朗在與李仙德會晤時，「李仙得向德朗透露，他曾與生番訂有救護遇難美國商船的協約，生番歷經照約行事，以及中美間關於臺灣的其它談判，目前仍然沒有任何結果，如果日本採取行動，亦可從生番方面取得同一性質的保證。」〔註 23〕

從上段記錄分析來看，似乎李仙得已經知道日本欲出兵臺灣。那麼可以推想，其消息的來源一定為美公使德朗。而失意的李仙得，也表示願意支持日本出兵。「德朗認為李讓禮既願意協助，正好藉此機會提供日本政府以最有用的詳細情報，藉以促進美使與日本政府間的密切關係，增進美國的重大利益，因而要求李讓禮暫行留居日本，共同進行。」〔註 24〕

而副島與美公使德朗的接洽，究竟何方採取主動，恐怕也是美國。根據

〔註 21〕黃嘉謨著，《美國與臺灣》，中央研究院近代史研究所，1965 年，第 260 頁。
〔註 22〕清沢洌，《外政家としての大久保利通》，東京，中央公論社昭和 17 年初版，第 58 頁。
〔註 23〕黃嘉謨著，《美國與臺灣》，中央研究院近代史研究所，1965 年，第 261 頁。
〔註 24〕黃嘉謨著，《美國與臺灣》，中央研究院近代史研究所，1965 年，第 261 頁。

資料證明 1872 年 10 月 24 日兩人的會晤，是美國公使德朗到日本外務省來見副島種臣的。這也就是說，是美公使德朗主動找副島，向其介紹李仙得並對其進行慫恿。

副島首先向德朗詢問李仙得其人的經歷。德朗對此進行了非常詳細的說明：「此人叫李仙得。以前是廈門的領事，有戰功。在我國被任命為將軍以前，曾擔任駐南美洲巴西公使，我大總統亦曾委以重任。前些年我國商船因海難漂流至臺灣時，該船船員被臺灣土人殺害，於是我方派遣軍艦三艘以為問罪之師，其後李仙得將軍為處理此事而率領美國兵赴臺灣。由李仙得親自與土著酋長交涉，而訂定契約，約定今後不僅是美國人，就連西洋人前來該地，也不能施暴。古至今日雙方情誼敦厚，自那時以來，即使英國船靠岸，土著也未施暴。」〔註 25〕

德朗不僅就李仙得個人進行了細緻的介紹，還就「山原號難船事件」發生的原因，也進行了解釋：「李仙得說據當地人所言，此次殺害琉球人是因為其並非歐洲人種，且並無約定，才發生這樣的事件。」〔註 26〕

另外，德朗還就臺灣番地所屬，發表了自己的見解：「臺灣氣候適宜，且為膏腴之地。盛產米、砂糖、芋頭等、以及礦山亦有數處。海港良好，對外國人而言，是極為便利之場所。據說外國人之中亦有覬覦該地者，該地雖為清國管轄之地，但由於其政令不行，故先占者可先得。」〔註 27〕

〔註 25〕 （日）《副島外務卿米公使卜臺灣一件応接書抄略》，JCAHR：A03031117700。
〔註 26〕 （日）《副島外務卿米公使卜臺灣一件応接書抄略》，JCAHR：A03031117700。
〔註 27〕 （日）《副島外務卿米公使卜臺灣一件応接書抄略》，JCAHR：A03031117700。

　　從德朗對臺灣番地所屬的見解來看，雖然承認其爲清國管轄，但認爲由於清政府的政令並沒有在臺灣東部的番地施行，故也可認爲清國沒有實效統治權，故提出「先占者可先得」之說。

　　作爲美國公使的德朗，不僅不顧自己的公使身份，讓副島等人認爲美方認可臺灣東部是「可先佔先得之地」，他還耐心的爲副島等人就臺灣問題出謀劃策。他勸告副島說：「有關臺灣事件必須採取下列三種策略。第一，是否要立即派遣問罪之師？第二，是否要與土著交涉，訂定今後之管理方式，當我國人民及琉球人抵達時不再施暴？第三，若認爲屬於國家統治權事宜，是否要向其政府交涉要求其處理？」〔註 28〕

　　德朗的第一條策略，實質上是將琉球難船事件，作爲海盜事件來處理，「立即」派軍隊前去緝捕法辦；第二條則是鑒於臺灣番地原著民的特殊情況，以非法律方式，與當地人協商，訂立今後的預防措施；第三條是，如果視其與國家主權有關，可能就需要與其政府相交涉了。

　　德朗不僅爲副島提出了三種策略，而且還殷勤地將自己掌握的臺灣地圖及人種、山川、房屋的照片，以及上次「羅妹號」事件時，美國與中國商議的手續書等，和盤托出，提供給副島以作參考。

　　看到德朗提供的臺灣地圖，有個情況立刻引起了副島的注意，也就是臺灣的土牛番界，他馬上叮問德朗：「圖中……記號界外是清國管轄之地嗎？」〔註 29〕

　　德朗基於以往難船事件的處理情況，雖然肯定了中國對臺灣的管轄權，但對中國政府的對臺施政實況，做出了似乎是結論性的斷言：「雖然是清國管轄，但其政府命令不行，故無法保護人民，因此認爲若與清國談判，亦須於約定內明定期限，若他違背期限，便立即由貴國與土著直接談判處理有關保護之手續等事宜。不過與清國人訂約雖然容易，但卻不能履行，乃爲其常情。故以爲按照上述順序來處理乃是上策。」〔註 30〕這既是德朗給副島提出的自認爲是「上策」，也是前幾次美國處理難船事件的基本方法。

　　但這卻不是日本喜歡的方法，儘管副島口中說：「同意您的看法」，但心中卻在盤算着其他的方法，那就是武力解決的辦法。德朗似乎窺測到副島的

〔註 28〕　（日）《副島外務卿米公使卜臺灣一件応接書抄略》，JCAHR：A03031117700。
〔註 29〕　（日）《副島外務卿米公使卜臺灣一件応接書抄略》，JCAHR：A03031117700。
〔註 30〕　（日）《副島外務卿米公使卜臺灣一件応接書抄略》，JCAHR：A03031117700。

內心，鄭重地警告他武力解決的難度，因為「臺灣土著所居住之海濱皆多暗礁」，「海軍進攻則因地理惡劣」，所以，為了促其採取與美國人相似的辦法，還特意推薦李仙得助其完成此事，「若要談判時最好先與廈門領事李仙得商量後再處理，盡量不採取武力而約定今後之管理方式為上策」。〔註31〕

而副島為提出自己的處理方式，先從歷史上尋找臺灣番地不屬於中國，並與日本具有難解之緣的根據。他先牽強地將日本人曾經到過臺灣，說成是「過去我國領有臺灣」，而且將日本國內對臺灣的傳說，信口雌黃地解釋為日本曾對其命名，叫做高砂島，然後才說出眾所周知的、曾被荷蘭所有的事實。

德朗似乎是發現了日本的企圖，直接說道「對外國人而言，臺灣也是最想要的地方。」〔註32〕

副島見無法瞞過美國人的眼睛，也只好乖乖地承認了「這也是我們最想要之地」的企圖，於是德朗便順勢說道：「美國無意佔有他國的土地，但是我們樂意見到我友邦擁有並拓殖他國的土地。此處（指著地圖說）清國原本計劃設置炮臺，惟尚未施工，因此李仙得向支那方面照會，並獲知尚未準備。其實即使設立炮臺，也由於土著蠻橫，清國人無法招架。有關這次臺灣事件，若貴國將有所盤算時，我雖能力有限，但願為提供拙見。」〔註33〕

其后德朗又向副島介紹了臺灣的歷史演變及其治理情況。他將中國「不易其俗」的治理方式，與西方的近代方式相比得出結論：「此地即使是清國人，也無法任意行事，故土著讓李仙得探掘一些古迹等，而對清國人表示土著有任意行事之權。」〔註34〕

雖然德朗也想杜撰出臺灣非中國所屬的歷史假象，「一六二○年時日本曾計劃攻取此島，一六三四年時為荷蘭人所有」。但是在回顧臺灣歷史過程中還是弄巧成拙，不得不承認中國對臺灣的統治，因為「到一六六○年時，荷蘭人撤離該島，其後漢人曾將此島分為四區，每區設鎮臺」，〔註35〕所以中國現在毫無疑義的擁有臺灣的管轄權。

為了更加深入細緻地瞭解臺灣，以及中國對臺灣的管轄情況，日本副島外務卿又打起李仙得的主意，詢問李此次回國的事由，德朗見副島有意從李

〔註31〕 （日）《副島外務卿米公使卜臺灣一件応接書抄略》，JCAHR：A03031117700。
〔註32〕 （日）《副島外務卿米公使卜臺灣一件応接書抄略》，JCAHR：A03031117700。
〔註33〕 （日）《副島外務卿米公使卜臺灣一件応接書抄略》，JCAHR：A03031117700。
〔註34〕 （日）《副島外務卿米公使卜臺灣一件応接書抄略》，JCAHR：A03031117700。
〔註35〕 （日）《副島外務卿米公使卜臺灣一件応接書抄略》，JCAHR：A03031117700。

仙得處攫取更多的情報，並且本身也願意日本出面提出此問題，促使中國保障航路安全，以便本國商人獲得更大的商業利益，便主動說道：「若貴國因臺灣事件而與我政府商議時，他必定會再來貴國。若想與李仙得當面會談，就隨你們方便或前往省城，或到橫濱。」〔註36〕

副島見勢趕緊抓住機會，請德朗引見李仙得：「正好有赴橫濱之便，將於該處會見閣下及李氏通盤面談」。

雙方接著就日本處理此事的方式進行了深入探討。此時已感覺到日本欲出兵前往臺灣東部的德朗，還在為虎作倀，為日本各方面需求獻計獻策：「若貴國派船艦到臺灣，我方軍艦有該處之海岸地圖等，雖然能力有限，但願為幫忙，且請我國駐北京公使鏤斐迪辦理其手續，萬事盡力協助，若拿定主意即請告知。」〔註37〕

副島見德朗如此慷慨和充滿誠意，便將自己的陰謀透漏給對方：「我有三個辦法。第一，由清國政府處罰殺害琉球人之土著，若不能則採取第二。第二，希望清國與日本戮力處罰土著，若此事不能則採取第三。第三，打算不經過清國之手而立即派出向臺灣問罪之官員。」〔註38〕

副島提出的三個辦法，與德朗的三個策略有著明顯的不同。德朗首先以臺灣屬於中國為前提，來處理難船事件，所以，儘管他不滿中國行政的能力，但也十分顧及中國的反應。而副島則以是否能夠處罰土著人的行為，作為衡量和考驗中國是否擁有臺灣東部主權的標準，中國如果達不到此標準，就等於未有管轄權，日本便可以獨立行使自主之權，向臺灣派出問罪官員。而且當時副島就指出：「我方有可能採取第三種方式。」〔註39〕副島提出的三種方法，本來是有順序的，是在前一種方法無法見效的情況下，才進入下一種方法，但是副島在提出的同時，就已經決定要採用第三種方法，顯而易見，前兩種方法是陪襯和措辭。

兩人策劃完對付中國政府的辦法後，又開始商量如何對付臺灣生番。德朗告誡副島：「直接與土著交涉必然諸事不成，廈門領事與土著酋長有親密交情，固以為若經過他來交涉，則事情可成。若不如此，而與清國人一同行動

〔註36〕 （日）《副島外務卿米公使卜臺灣一件応接書抄略》，JCAHR：A03031117700。
〔註37〕 （日）《副島外務卿米公使卜臺灣一件応接書抄略》，JCAHR：A03031117700。
〔註38〕 （日）《副島外務卿米公使卜臺灣一件応接書抄略》，JCAHR：A03031117700。
〔註39〕 （日）《副島外務卿米公使卜臺灣一件応接書抄略》，JCAHR：A03031117700。

時，將非常困難，這是因爲土著非常厭惡清國人的緣故。土著雖然頑固愚昧，唯有厚意相待而已，如李仙得已與其親睦交往就是由於厚意相待的緣故了。」〔註40〕德朗將李仙得描繪成厚意相待生番的友人，並強調日本處理此事必須借助李仙得。而且再次規勸日本採用自己推薦的方法，不要強行處罰生番。副島還是堅持自己提出的方式，並認爲即使是普通的策略也要「派出大約一萬名士兵到臺灣」。〔註41〕

德朗對副島的固執還是做了再次的規勸：「如此策略是無法得到深交的，首先派人交涉，締結保護人民的約定，於租界其地後，再建立軍事守備亦不遲，因此我認爲不要立即出兵比較好」。〔註42〕

德朗還對設立炮臺和訂約之事爲副島提出了建議：「若要求設置炮臺以保護彼我人民的話，則租借地方應該比較容易。若要求救助琉球人民並護送至陣營時，即以贈與謝禮爲由，進行交涉較易。若須與清國嚴屬交涉時，就詢問臺灣是屬於何國的，若說是屬於他們的，則要求處罰。但如前所述，即使清國人輕易同意，也不會履行約定，此乃其常情，故違約是必然的。因此若事已至此，則應該直接與臺灣方面交涉爲宜。」〔註43〕

此次副島與德朗的交談中，作爲美國公使的德朗，雖然明確表示臺灣番地屬於中國管轄，但對中國處理遇難船民事件很是不滿，「其政府命令不行，故無法保護人民」。而日本接受到此情報後，即做出了對中國不予搭理的態度，準備強行使用武力獨斷地處理之，「我方有可能採取第三種方式」，即「打算不經過清國之手而立即派出向臺灣問罪之官員」，所說的問罪，還要派出「大約一萬名士兵到臺灣」。可見日本外務卿，此時對此事已是胸有成竹，鑒於缺乏對臺灣情況的瞭解，所以懇請德朗爲其介紹有過處理難船事件經驗，並通曉臺灣情況的李仙得，期望此人能對日本處理此事提供幫助。

根據如上分析，作爲駐日公使的德朗，明明已經知道日本此時有侵略臺灣東部的野心，還是將臺灣通——李仙得介紹給日本政府，可以說是從美國的利益出發的。因爲美國雖沒有能力在海外謀取領土，但是若有他國佔領臺灣，將長期有利於美國國力及商務的發展，這一點是不言自明的。

〔註40〕 （日）《副島外務卿米公使卜臺灣一件応接書抄略》，JCAHR：A03031117700。
〔註41〕 （日）《副島外務卿米公使卜臺灣一件応接書抄略》，JCAHR：A03031117700。
〔註42〕 （日）《副島外務卿米公使卜臺灣一件応接書抄略》，JCAHR：A03031117700。
〔註43〕 （日）《副島外務卿米公使卜臺灣一件応接書抄略》，JCAHR：A03031117700。

三、副島種臣與李仙得的兩次會面

李仙得原名為 Charles William Le Gendre，其最早的漢語名為李讓禮，後改為李仙得或李善得。1830 年 8 月 26 日生於法國的望族，巴黎大學畢業。後與美國籍女士結婚，赴美定居，在南北戰爭中戰功卓著。1866 年 12 月，李仙得任美國駐廈門領事，同時兼任臺灣領事。李仙得與臺灣的淵源，最早是從「羅妹號」事件開始的。1867 年 3 月 12 日，美國商船「羅妹號」自汕頭駛赴牛莊，在臺灣洋面突遇颶風，在紅頭嶼附近沉沒。船長赫特夫婦及船員等共 14 人，乘舢板至琅𤩝尾龜仔角鼻山登陸，被來自附近森林中的生番槍手射殺，僅一名華人水手僥倖逃脫，乘船至高雄報案。

李仙得作為美國駐廈門與臺灣的領事，主要職責就是保護「工商航海的利益」〔註 44〕，同時也有「協助遭難水手」〔註 45〕的義務。聞此事件，李仙得立即赴福州，與閩浙總督吳棠及閩撫李福泰進行交涉，請求依據中美《天津條約》，嚴令臺灣地方官員營救幸存人員，並嚴懲生番。

按照當時的國際法慣例，李仙得的要求是正當的。「按照古代的習慣，如果一艘外國船舶由於惡劣天氣或其他危及安全的危險情況被迫進入港口避難，應享有當地管轄權的某些豁免。」〔註 46〕但清地方官顧慮番地沒有實施行政，幾次推託「番地為化外」，並不認真查辦，最後李仙得避開清朝官員，利用英商北騏麟（W.A.Pickering），通過當地各莊及熟番頭人的關係，與番人酋長卓杞篤面議了和約。

「羅妹號」事件使通曉國際法的李仙得等美國人，明知臺灣全島歸中國管轄，卻從中找到了番地為「無主之地」的藉口，並開始產生覬覦臺灣的野心。此後五年間，李仙得經常隨同美艦赴臺，與生番直接接觸，成為著名的臺灣通，這為他後來幫助日本侵略臺灣埋下了伏筆。

1867 年 3 月 9 日的「羅妹號漂流民事件」使李仙得與臺灣結上了不解之緣。由於其當時曾經與臺灣原住民締結了救助條約。故 1872 年 2 月，李仙得聽到琉球人在臺灣「番地」被殺的消息後，便親自乘美國船去臺灣番地，會見番人頭目，並責問為什麼會發生此事。當時番人頭目回答：與他在 1867 年簽訂的條約，只說救助白人，未曾有保護琉球人的條款。

〔註44〕 詹寧斯，瓦茨修訂，王鐵崖等譯，《奧本海國際法》第 1 卷，中國大百科全書出版社 1998 年版，第 563～564 頁。
〔註45〕 （英）詹寧斯，瓦茨修訂，王鐵崖等譯：《奧本海國際法》第 1 卷，第 564 頁。
〔註46〕 （英）詹寧斯，瓦茨修訂，王鐵崖等譯：《奧本海國際法》第 1 卷，第 39 頁。

李仙得回到廈門後，給美國駐華公使及清政府提出建議，要求懲處番人的暴行。但當時駐北京的美國公使及清政府都不予理睬。不僅如此，公使還批評他潛入臺灣，公開與番人談判，這是不法行為等等。於是，他將情況陳報美國政府，認為清政府及美國駐華公使都有放任番人暴行的嫌疑。由此，他與駐華美國公使產了矛盾，但因美國總統尤里西斯‧格蘭特（Ulysses Grant）讚賞他的功績，推薦他做阿根廷公使。1872 年 10 月 12 日，李仙得辭去廈門領事返回美國。

一個星期後，李仙得中途在日本停留。駐日公使德朗與李仙得會晤，要求李仙得暫行留居日本，李仙得欣然同意。9 月 24 日，副島率顧問史密斯前往橫濱，經美國公使介紹，副島種臣結識了李仙得。

李仙得因為臺灣漂民事件，屢次受到中美政府的冷遇，不僅中國政府對其提出批評，而且美國政府也並不理會他的強硬建議和做法，所以李仙得心裏格外氣憤，在向副島介紹情況時，情緒化地將前次中美處理難船事件的經過，故意加以歪曲，他說：「當時並非由美國政府向清國政府談判，而是奉美國政府之命由北京公使直接進行談判，清國政府提出此後應不使其發生如此暴行之公告書，該公告書中，提及遭外國出兵時難以置兵防禦之意。」〔註47〕

李仙得故意將美國處理事件的責任者——北京公使，予以格外的強調，彷彿以此證明處理事件的主張並非代表美國本意。作為一名由本國政府派出的領事人員，不會不知曉公使具有代表國家政府處理外事的權利，很顯然李仙得是不滿美國公使未支持自己的主張，將自己的主張視為美國政府的主

〔註47〕 （日）《副島外務卿米公使卜臺灣一件応接書抄略》，JCAHR：A03031117800。

張，由於個人的情緒將自我意志上昇爲國家意志，無論在當時還是現今，似乎不是一名合格外交人員的素質標準。

李仙得還向副島建議日本佔領臺灣番地：中國政府對於臺灣生番的行爲以及番社內部事宜，無從過問，此次琉球人被殺，傳聞中國政府曾下令懲辦兇手，地方官員懾於生番兇悍，不敢採取行動；臺灣內山十八番頭目卓杞篤前經協議救護遇難外國船員，但不包括中國人在內，此次琉球船民被害，實由其容貌與中國人類似，致使發生誤會；美船人員被害之處，中國政府認爲雖歸中國管轄，究爲王化所不及之地，實則該處土地人民均屬善良，如經適當交涉，由美國人居住，中國人未嘗不可能退出；當美船人員被害案辦結之時，中國政府曾在臺灣南端設立炮臺，留置兵員守衛，隨時救護遇難船員，但數月後即告廢棄，另允在原處建立燈塔一所，迄今未實行；此次琉球人被害，目前處理辦法，應先商請臺灣官府建立燈塔，隨時保護，如不照辦，美國並不想取得該處土地，日本政府如有意統轄該地，可與中國政府交涉，徑在該處建立炮臺派兵守衛。〔註48〕

爲了迎合日本人妄稱的日本曾領有臺灣的虛言，李仙得刻意爲其搜羅出一個似乎是證據的現象：「臺灣的武器中，亦有日本的刀劍。」〔註49〕

副島聽到李仙得的所謂證據，自然是欣喜萬分，強調說：「昔日日本人巡行臺灣東方時，漢人尚未來到該地。」

李仙得隨聲附和：「確實如此，最初日本人渡航到印度附近時，曾經巡行該處」，並肆意歪曲否定中國領有臺灣的事實，「該處可自大陸方面遠望，但未曾前來。日本人雖然距離很遠，但於史籍上可見到曾渡航到此。漢人發現臺灣是在於一四〇〇年代，如上所示，日本人是在此以前就來此地，此事應該強調。事實上清國並未領有臺灣，荷蘭人佔領之後，後來才交給清政府的。」〔註50〕

此時的副島有些得隴望蜀了，又將日本傳說中對臺灣的稱謂搬出：「那時日本稱該島爲高砂島。」並枉自揣測：「高砂大概是因爲多沙地才如此命名的。」〔註51〕

〔註48〕　（日）《日本外交文書》第七卷，第5～8頁。

〔註49〕　（日）《副島外務卿橫浜二於テ米人李仙得卜臺灣一件応接書》，JCAHR：A03031117800。

〔註50〕　（日）《副島外務卿橫浜二於テ米人李仙得卜臺灣一件応接書》，JCAHR：A03031117800。

〔註51〕　（日）《副島外務卿橫浜二於テ米人李仙得卜臺灣一件応接書》，JCAHR：A03031117800。

　　李仙得接過副島的話題繼續加以延伸：「原來多砂地，後來漢人耕作，砂地就變少了，只在河口才有沙地。」〔註52〕

　　副島更加不著邊際的胡說起來：「昔日平戶地方的兄弟倆人到臺灣向荷蘭人復仇，臺灣人掠奪荷蘭人所在地，琉球人三名漂流到該地時遭到殺害，當時日本遣使責備其罪，獲得三百貫目之償金後，轉給琉球人。此為二百年前之事。」〔註53〕

　　李仙得深知雖然自己幫助日本羅列了不少所謂曾經領有臺灣史實，但是現在日本是否向臺灣派遣使臣，才是證明臺灣屬於日本的關鍵證據，於是便問副島曰：「近來貴國曾遣使到臺灣嗎？」副島無奈地承認：「並沒有遣使。」〔註54〕

　　尋找日本領有臺灣的藉口不能成立，副島向李仙得求助：「此次琉球人在臺灣被殺，應如何向清國政府談判，請詳細告知其程序及應注意事項。」〔註55〕

　　李仙得雖介紹中國政府處理態度時說：「傳說琉球人被殺時，清國政府曾經下令嚴懲兇手」，但卻把處理結果說成為：「一名叫瓦德孫之官員，由於懼怕土著之勇捍，似乎不敢執行此命令。」〔註56〕

　　副島一聽有機可乘，便趕緊套用國際法的說法，給中國政府下了斷言：「這麼說來，清國政府不能行使權力了？」〔註57〕

　　李仙得對此問題做出了肯定的回答，並認為琉球人被害是因為未與當地人訂立約定，於是建議日本直接與當地頭目卓杞篤談判，並污蔑中國政府對此事無能為力，云：「土著有十八社，若有人向土著談判，應不至於遭到殺害。該酋長為卓杞篤，是非常明理之人。牡丹社為荒地且多險處，極難進入。故

〔註52〕　（日）《副島外務卿橫浜二於テ米人李仙得卜臺灣一件応接書》，JCAHR：
　　　　　A03031117800。
〔註53〕　（日）《副島外務卿橫浜二於テ米人李仙得卜臺灣一件応接書》，JCAHR：
　　　　　A03031117800。
〔註54〕　（日）《副島外務卿橫浜二於テ米人李仙得卜臺灣一件応接書》，JCAHR：
　　　　　A03031117800。
〔註55〕　（日）《副島外務卿橫浜二於テ米人李仙得卜臺灣一件応接書》，JCAHR：
　　　　　A03031117800。
〔註56〕　（日）《副島外務卿橫浜二於テ米人李仙得卜臺灣一件応接書》，JCAHR：
　　　　　A03031117800。
〔註57〕　（日）《副島外務卿橫浜二於テ米人李仙得卜臺灣一件応接書》，JCAHR：
　　　　　A03031117800。

若能與上述卓杞篤好好談判，應可得知其順路，大致而言，由於其種族重正直，若我方正直以待，就絕不會以暴力相向。但若如清國般應對時，任何事也作不成。我曾於眾平民相接觸，其爲非常溫和之種族，一直致力於漁業，性情剛直，令人佩服的是其非常遵守約定。」〔註58〕

　　副島瞭解了前次美國人的處理方式後，又誠懇地向李仙得討教日本處理此事的策略，對方慷慨地爲其籌劃。李仙得先批評中國政府在處理「羅妹號」事件的推辭：「美船漂流至岸而遭殺害時，美政府向清國政府談判要求對該案進行相當之處置。而清國政府雖承諾卻不能實行。故再加督促時，清國政府回答說原來雖有管轄，但處置難免有疏漏。當時又談及該地方及人民皆善良，若美人駐與此地，清國人就不得不撤離之語。」〔註59〕

　　然後又指出此地對於日本商船運輸的重要性：「南海爲前往日本之通路，發生難船時，不得不停泊其港。此時，就必須對其人民施與相當之保護。」〔註60〕

　　李仙得以上述情況爲理由，教唆日本並預測事情結果：「事故談判時提出是否由我方盡可能加以保護？清國政府回復說如此就不得不派出軍隊，但應經由何種道路派遣？因而答以自己可作前導。最後率領清國軍隊，身爲前導，越過山地，出於土著後方，對土人說：爾等要戰鬥嗎？若溫和地接待我們，我亦會溫和地對待你們。土人答謂：我們怎麼款待你們都可以，但不希望和清國人有所牽連。我方謂，原本亦不希望發生戰爭，此後外國人漂流至此地時，請務必給予保護，土人承諾此事。但你們是否能遵守約定，則難以預計。因此表明爲了表示信守，而應建築炮臺，而後若發生殺害漂民時，可用於討伐。但此事必須先與清國政府商議始能決定，首先雖派駐軍隊，但四、五月後軍隊撤離，其後亦不再派兵。至於此次琉球人民遭到殺害，則建議應施以相當之處置，首先必須建築燈塔，並要派遣官員、軍隊駐臺灣，但答覆謂建築燈塔應向清國政府談判。故以自己之意見而言，應有清國政府來執行上述計劃，美國絲毫不想獲得土地，亦不反對由日本政府來管轄，但希望盡量與

〔註58〕　（日）《副島外務卿橫浜二於テ米人李仙得卜臺灣一件応接書》，JCAHR：
　　　　　A03031117800。
〔註59〕　（日）《副島外務卿橫浜二於テ米人李仙得卜臺灣一件応接書》，JCAHR：
　　　　　A03031117800。
〔註60〕　（日）《副島外務卿橫浜二於テ米人李仙得卜臺灣一件応接書》，JCAHR：
　　　　　A03031117800。

清國政府談判上述事宜，然而多半不成。若如此，就不得不派兵建築炮臺，由我方進行守備。」〔註61〕

確立了基本的方法後，兩人又對具體的事宜進行了密謀。李仙得為副島介紹了通往番地的道路情況，他說：「南方有河流入海口，東方有土著聚落，其次有一稱為客家之處。該處據稱來自西北之人種，看來皆為清國人，但似乎原本在清國為惡政所苦而逃到該地。客家人品質不良，前往客家村之道路雖然平順，但往土著聚落卻多險路。（此時指著地圖談話）該地多山，有三千至五千英尺之高山。」〔註62〕

介紹完番地的道路，李仙得又對番人的具體情況作了說明：「與卓杞篤談判時，建築炮臺之事宜可成，但該人亦統治人種不良之處，但僅有名義而已，而無統治之實。其中半數之人較容易接觸。首先土著中擅長作戰者約有一千八百人。可見到半數之人使用的武器。卓杞篤為六十餘歲之人。」〔註63〕

副島對於卓杞篤的權力是否達到牡丹社很感興趣，李仙得耐心的向其介紹：「卓杞篤之權利並非及於各地。或有發生糾紛時，其頗能施以仲裁，為深受信賴之人。」同時也對現在番地的人口作了估計：「客家聚落人數似乎約有四千餘人。六年以前估計牡丹社男女人數為一千零八十一人，現在即增加也不過多二百人。」〔註64〕副島還關心地詢問外國人在臺灣的數量，李告訴他：「北方有十人，南方有二十二人。」〔註65〕

副島瞭解了臺灣東部番地情況後，對整個臺灣島及其周圍也表示出很大熱情，李仙得也心領神會地為其侵略此地提供參考：

日：打狗在何處？

美：在開港口之南方背後。

日：ケイラン東方之島為何？

〔註61〕　（日）《副島外務卿横浜ニ於テ米人李仙得卜臺灣一件応接書》，JCAHR：A03031117800。

〔註62〕　（日）《副島外務卿横浜ニ於テ米人李仙得卜臺灣一件応接書》，JCAHR：A03031117800。

〔註63〕　（日）《副島外務卿横浜ニ於テ米人李仙得卜臺灣一件応接書》，JCAHR：A03031117800。

〔註64〕　（日）《副島外務卿横浜ニ於テ米人李仙得卜臺灣一件応接書》，JCAHR：A03031117800。

〔註65〕　（日）《副島外務卿横浜ニ於テ米人李仙得卜臺灣一件応接書》，JCAHR：A03031117800。

美：ペスフドル，此島屬清國，若取此島，則是往清國之最佳休息站。

曰：マジヨル爲一小島嗎？

美：情況不明，但據悉其商業興盛。

曰：是否知道誰曾航行經過マジヨル島？

美：不知。但詳細繪此圖之美人曾說要至該島交易，但無領事，且非我管轄內而不准，據說前往交易時，將多少可獲得利益。這島究竟屬於何國？

曰：大致屬於琉球，周圍約七十二公里，有煤礦坑。

美：經我勘查亦認爲或許屬琉球，但臺灣內トツカド爲第一良港，暴風亦未曾侵襲，當地人民亦不受清國統治，屬任何人皆可管之地。

曰：澎湖之人種如何？

美：我認爲是廣東人。荷蘭統治時，曾建有炮臺及燈塔，因當地可作根據地之故。於今留有燈塔。雞籠港附近有煤礦山，建有鐵路等。故當地交通方便。打狗多生產砂糖、阿仙藥，且水牛甚多，清人帶來大批水牛。臺灣輸出許多木材、薪柴至清國全國各地。ホンリ──有從商之清國人三十人居留。臺灣城周圍建有城墻，外面爲鉛板，但裏面是土，因此容易攻破。臺灣之戰兵估計約有三百人。嘉義亦建有城牆，但容易攻破，皆爲清兵。不管マジヨル島屬何國，但先占者可先得。〔註66〕

副島從李仙得處獲得了大量臺灣的信息後依然不滿足，於26日再次會見李仙得，就一些具體問題又進行了更細緻的交流：

副島：向清國政府請求修建砲臺、燈塔之事宜，將會在何時獲得答覆？

李：我在兩月前已經提出請求，應在最近可獲得回復。據消息稱清國政府認爲非常合理，而臺灣方面卻不贊同，實際的情況究竟怎樣，現在還不知道。

〔註66〕 （日）《副島外務卿橫浜ニ於テ米人李仙得ト臺灣一件応接書》，JCAHR：A03031117800。

副島：這次琉球人遭殺害之事，應向福建總督進行交涉，還是直接向
　　　清政府進行交涉？

李：應向福建總督進行交
　　涉。但為保護人民而修建
　　炮臺及燈塔等事宜，仍應
　　向清政府嚴屬提出談判為
　　宜，此為國際公法之道。
　　其談判時，以此次琉球人
　　遭殺害而保護人民要求建
　　築燈塔及炮臺等，並訂下
　　約定期限，若清政府回答
　　無法進行防禦時，則可談
　　以保護人民而擬租藉此地
　　以建築炮臺及燈塔等防禦
　　事宜。即使清國政府答應
　　此事，派遣軍隊修建炮臺
　　之事也沒有根據，只是一
　　時逃避責備的說辭，而此
　　說則難以長久讓人相信。

副島外務卿延遼館二於テ李仙得ト再應應

　振書拔萃十六日

副島：能將您的行動告訴我們嗎？

　李：我們不才，難有報告，且閣下一定已經想好了辦法，雖能力有
　　　限，但就應注意之處，願詳細告之。于歸航前，與斯密商量，
　　　記下地理等方面的詳細資料，呈給你。

副島：此次與清國政府談判非常困難，其原因在於琉球屬於清國及日
　　　本兩國。

　李：此次被殺琉球人並非普通漁民，而是向福建帶貢品的朝貢者，
　　　因此難以和清國政府交涉。據我方進入當地進行調查後確知他
　　　們確是正式納貢之人。

副島：以前琉球人獻貢途中在臺灣被殺時，日本曾向清國談判求償，
　　　然後再轉交給琉球。

李：澎湖島大致上地勢良好，奪占此地後可當成據點，由此運輸管理兵員、大炮等物資，可進行較為完善的防禦。清國政府看臺灣，感覺像是其他的國家，至於何國管轄好像也沒有什麼。若由亞洲之日本來管轄時，應首先進行適當的交涉，雖理由不那麼充分，但我會盡力協助。清國政府明言無法防禦臺灣之事，已記載於我暗中獲得的書籍中，敬請閱讀。

副島：軍隊的情形如何？

李：其軍隊是雇用制，編制員額雖有五萬人，但其實只有二萬人，雖有大炮等，但只是放於地上。

副島：臺灣有多少清國人居住？

李：雖說有四百萬人，但我認為大約只有二、三百萬人。

副島：其稅收有多少？

李：據一八七〇年的調查，不算內地稅，與外國貿易稅約為二十五萬美元。我想有二千名士兵就可輕易取得臺灣全島，但後日防守很難。

副島：我主可輕易派出一萬名士兵。

李：不管多少人，但花費是巨大的。

副島：在未與閣下見面以前，就打算向牡丹社先派出萬名士兵，這樣進行談判就免得多費口舌，如果對方不答應時，立即對其進行討伐。

李：牡丹社道路極為險惡，難以運送大炮等武器。

副島：能夠輕易出兵一萬，是因為目前日本有四十餘萬武士，皆為剛猛難御之輩，若有這樣的事，皆願意出征。只是我方擔心與清國如何進行交涉。

李：破壞與清國之外交絕非上策，但依照萬國公法而向清國政府談判保護人民事宜，若該政府明言無法保護時，則談判由我們進行保護，這才是上策。此地將來一定要成為開放之地，故可以說最後終將會被某國所奪取。

副島：因此一定要以閣下的建議，要求對方建設燈塔及軍隊等。此次
　　　是否直接向李鴻章進行交涉？

李：他僅是被委任與日本締結條約而已，故以爲仍是直接與政府進
　　　行談判最爲合適。〔註67〕

從副島種臣與李仙得的第二次會面內容來看，副島向李仙得說謊，稱日本以前曾代表琉球向清政府求償，以表達出兵的正當性，而李仙得已經知道日本欲出兵臺灣，李仙得教授副島何種說辭才能成爲出兵的藉口。

小結

綜上所述，「羅妹號」事件後，美國在臺灣開始實行「炮艦與綏撫」並行的政策，縱容李仙得的所作所爲，使李仙得經常隨亞細亞艦隊赴臺，與生番直接往來，爲李仙得干涉臺灣事務提供了機會。而美國駐日公使德朗明知日本政府想藉口琉球難船事件「征討」臺灣，卻有意將悉知臺情的「臺灣通」李仙得介紹給日本政府。李仙得與副島種臣在橫濱會見，使對臺灣情況不瞭解的日本人，欲雇用與美國駐中國公使有矛盾的李仙得，將李仙得變成日本臺灣情報及策略的來源地。副島種臣還利用李仙得對臺灣情況的熟悉及野心，懇求其留任日本外務省顧問。這樣才有李仙得出任日本明治政府的準二等出仕，並就臺灣問題隨副島同赴清國，後又就職於臺灣蕃地事務局，就臺灣政策、對清外交、對臺灣出兵等問題，爲明治政府獻策。

〔註67〕 （日）《副島外務卿延遼館二於テ李仙得卜再度応接書抄略》，JCAHR：
　　　　A03031117900。

第五章　美國人勸日本利用「山原號難船事件」出兵臺灣

　　日本要實現吞併與中國有着藩屬關係的「琉球」的目標，事實上的控制當然重要，但使琉球與其眞正的宗主國清朝脫離關係才是最關鍵的，也是明治新政府的急務。正當日本朝野無計可施之時，恰巧發生了琉球「山原號難船事件」。這本是一件單純的海難事件，但美國駐中國的領事威妥士向在北京談判修約的柳原前光就此事進行了勸告。柳原前光與西鄉隆盛進行商議，使日本抓到了救命的稻草，找到了實現「吞併琉球」的突破口，借爲琉球「山原號難船」民伸張正義，出兵中國臺灣，以切斷中國與琉球國的藩屬關係，以達到最後「吞併琉球」的目的。

一、「山原號難船事件」的原貌

　　1871 年 10 月 18 日，兩艘宮古島與兩艘八重山島船，在完成對琉球國王納貢後，從那霸出發歸航，29 日，突遇暴風雨的侵襲，其中八重山島船一艘，幸運地漂浮到清廷管轄地而被送到臺灣府，另一艘下落不明。宮古島帆船中的一艘，後來漂泊到生島，而另一艘則於 11 月 6 日，漂流到臺灣島原住民居住的番界。這艘船上共有六十九人，其中有四十六人爲納貢人員，這四十六人中又有二十六人，爲宮古島的政府官員。此事件的具體過程，筆者查閱了大量的資料，以釐清此事件的眞相。

（一）鹿兒島縣所記之「山原號難船事件」

鹿兒島縣所記之「山原號難船事件」主要記載於《鹿兒島縣大山參事問

罪出師建議之議附件琉球國民漂到臺灣遭害報告書》〔註1〕及《日本大山鹿兒島縣參事陳報琉球島民於臺灣遭殺害而擬問罪案（明治五年七月二十八日）及附件琉球王子遭難始末報告》〔註2〕中。

此兩份文件內容完全一致，但其收錄方式在《處蕃提要》及《處蕃始末》中的排序不一致。在《處蕃提要》中，以第一份文件出現，而在《處蕃始末》中，則列在《辛未七月》、《鹿兒島藩琉球國事由取調書》、《壬申五月》、《井上大藏大輔琉球國版籍收入建議並左院問答議》、《壬申八月》等文件之後，其中所藏秘密，筆者將在下一節詳細分析。

這兩份文件的內容為1872年7月28日鹿兒島縣參事大山綱良，向日本政府請求出兵的申述書，現存於日本國立公文書館。其主要內容為鹿兒島縣參事大山綱良向日本政府提出，為日本屬國琉球國宮古島民在臺灣遇難被殺一事，請求出兵征討臺灣：「琉球國自昔日臣服於本邦，極為恭順。然而其國遠在南海之中，其風俗難免固陋。皇朝一新之時，也難及改變其風化，故今年春天命令縣下士族伊地知壯之丞及另外二人赴琉，諭以朝廷旨意，使其變革陋習。琉球國王亦能奉體旨意，走向開明。然而琉球屬島宮古島人去年冬天漂流至臺灣，如附錄所陳述，船上六十人遭到殘殺。殘暴之行難以縱容。現命伊地知壯之丞入朝，詳細上奏此事，綱良伏請依仗皇威，興問罪之師征討彼等，故謹借軍艦，直搗其巢穴，殲滅其首領，以張皇威於海外，下慰島民之怨魂，伏請准許所請。」〔註3〕

〔註1〕 （日）《單行書・處蕃始末・辛未壬申・第一冊》，JCAHR：A03030094700。
〔註2〕 （日）《單行書・處蕃提要・第一卷》，JCAHR：A03031117200。
〔註3〕 （日）《大山鹿兒島縣參事琉球島民臺灣ニ於テ遭害ニ付問罪云々上陳附琉球王子遭害始末屆書》、《琉球國民臺灣漂到遭害屆ニ付大山鹿兒島縣參事問罪出師建言ノ儀》，JCAHR：A03031117400、A03030095300。

關於「山原號難船事件」是在這兩份報告中的附錄部分，主要是由生還者謝敷築登、平安山築登、仲本築登及島袋築登的回憶還原的。謝敷築登與平安山築登的回憶文章較短，而仲本築登及島袋築登的筆錄則較爲詳細。

（1）居住於大裏間切輿那原村的謝敷築登的講述，其內容如下：

　　爲運送宮古島貢品而派出二十一・六丈長之帆馬艦船，船員六十九人中有四十八人爲宮古島徵用工主從，去年十月十八日自那霸出航，因順風不繼，又遇退潮，而停泊於慶良間島外近海。同月二十九日自該處出帆，但遭暴風吹襲，乃扔棄行李，隨風漂流，最後亦捨棄槳板並砍斷桅杆，情況益加困難。十一月六日漂流至臺灣府內稱爲生番之處，船員上岸，人煙遠隔。望日出尋，有人靠近，於是用手勢再三請求援助。因而給與粥等，一行正感到安心，不料所攜帶之各種用具及衣服等皆被掠奪，故驚慌而逃。此時有四、五人持武器追來，一行人奔跑六公里餘，進入一小莊之凌老先家內，但生番多人追至該處，並剝奪身上衣服，五十四人遭到殺害，十二人逃去。其中十一人藏匿於上述凌老先及保力莊楊友旺家中，一人逃入山中被生番捉住。上述楊友旺及同莊楊阿和、楊阿二、宗國陸等四人聞知，立即趕往該處，以番錢四十五枚、布十丈八尺、牛一隻給與生番等，而救出眾人。並邀請一行至楊友旺家中，著十二人留宿一處。後送往鳳山縣及臺灣府地方，又於正月十六日乘輪船駛抵福州，由海防官交給琉館屋。由該屋接管留於該地並明嚴格管理，正在照顧中的七名病人則搭貢船而歸，經查點人數、行李並無異常。

　　附

　　一　船員中三人由本船駕駛船劃上岸時，半途被浪打翻而遭溺死。

　　二　楊友旺家內每日供應茶莨、燈油，及三次充足食物，對於無褲者亦各給予一件。鳳山縣亦如上同樣給與外，又各給與棉心衣服一件。送之臺灣府後，又各給與伙食、上衣及褲各一件及錢一百五十文，以爲日常零用錢。〔註4〕

〔註4〕　（日）《大山鹿兒島縣參事琉球島民臺灣二於テ遭害二付問罪云々上陳附琉球王子遭害始末屆書》、《琉球國民臺灣漂到遭害屆二付大山鹿兒島縣參事問罪出師建言ノ儀》，JCAHR：A03031117400、A03030095300。

（2）西村平安山築登的講述，其內容如下：

　　　　爲運送八重山島貢品，而派出二十一・六丈長之帆馬艦船，船員四十六人中，二十六人爲八重山島徵用工主從。去年十月二十九日自那霸川出帆，由於風波洶湧，而扔棄行李，並砍斷上桅杆，隨風漂流。同十二日見一不知名島嶼，隨後漂流至該處。遂立即派出兩人，探尋該處情況，卻被當地眾人圍住。不久數十人乘船劃近本船，欲將本船拉上岸邊時，鳳山縣內打狗口李成忠者駕船靠近，打手勢通知該處爲臺灣府內稱爲生番之處，生番人心懷叵測。故眾人皆捨棄本船，改乘李成忠船，船抵達打狗口後，搭乘輪船被送往臺灣府。且於生番地上陸之兩人被五、六十人持弓箭刀槍等包圍，將要被殺害時，幸好寄居於該處之郭潛者，前往眾人群中，不斷商議，而將兩人接出，藏於其住處。翌日拂曉前往相隔八公里之尤魁家中，半途約有二十人攜帶武器追來，遂又與其商議，但皆不聽，且頻頻露出殺氣。故使眼色示意兩人快速逃離，兩人皆逃入前方人家內，幸而是前述尤魁家，將兩人藏匿於家內廁所，自己則走到外面，與前述郭潛兩人費心照料保護，並時常派人打聽至臺灣府之船期，並通報事情的演變。正好府衙派出大批人員打探消息，使者聞知，便立即前來，與前述尤魁父子商量共同守護，一行人出外前行八公里，搭乘小船。當時又有持武器者追來圍住，三人和言以對，不斷相勸，但仍不聽，而欲行兇。上述使者拿出番錢十五枚及白布十八丈相贈，才允許通過。到達臺灣府衙後，前述難民等皆被送往福州，交給琉館屋，由該館接管照顧，十九人搭乘接貢船回航，如同前述查點，並無異常。

　　　　附

　　　　一　船抵達打狗口，逗留期間，該船主供給米、藥粉、燈油，以及錢千文。由本府贈送上衣、褲、棉衣各一套，並給與爲首者兩人各一千文錢，其餘人各五百文錢。出航前共給全體人七千九百文。錢則零花於各處。

　　　　二　上述人數中，八重山島之一人於臺灣府生皰瘡，未能治癒而死。府方給予棺材、衣服等，並處理葬喪、燒香等事宜。且該島十人抵達福州後生皰瘡，未能治癒而死去。

　　三　上述兩艘人員抵達福州以來，又布政司給予糧銀及米，以爲
逗留期間之生活費。

　　四　上述人等皆因失去船隻，僅以身免，而備受困苦，故由總督
府院發給恤銀，每人十分銀四十目。

　　五　上述兩艘船員內二十人難以一同搭乘接貢船，故而逗留。

　　六　漂流在清期間報告二冊，依照人數精簡爲一冊呈上。〔註5〕

（3）鹿兒島縣官員詢問其中的宮古人仲本築登、島袋築登，並將其回答
內容做成筆錄，其內容如下：

　　辛未十月十八日宮古島、八重山島船四艘（各二艘）自那霸港
出帆，停靠計羅間島（據那霸二十八公里）附近，同月二十九日自
該處出帆，翌十一月一日午夜，遙望見宮古島，但因風向爲北北西，
因而無法轉港，而任由風吹漂流。

　　八重山船一艘漂流至臺灣清政府統治範圍內，而被送往府城，
另一艘至今下落不明。宮古船一艘後來順利抵達生島，另一艘即仲
本等人搭乘之船。

　　同月五日看見臺灣外山，六日靠近該地方，故約四十人搭乘小
船上岸，由於舟小浪大，而有三人溺死。又駕駛舟回本船，接運剩
餘之人，本船不久損毀，六十六人上岸，徘徊找尋人家。遇到清國
人兩名，詢問有無人家。兩人告知說：往西方有大耳人，會砍頭，
應往南方走。遂由兩人帶路前往南方。但兩人卻盡可能地奪取六十
六人所攜帶之衣服等物，其餘則扔入山中，並樹立木標以爲記號。
一行認爲其有許多同類，故而畏縮不敢反抗。

　　太陽將下山時，兩人指著路旁洞穴說：人家尚遠，今晚在此洞
中一宿。由於並非可供六十餘人住宿之洞穴，故眾人都表示不願意，
雖然兩人強迫，但仍不答應。兩人大怒說：不聽我的話就不理你們。
眾人皆認爲此兩人是盜賊之類，叫我們往南方走必定有詐。於是與
兩人分開，轉往西方。由於夜已深，故當晚宿於路旁小山。(此日上
午在船中用過餐後什麼也沒吃)

〔註5〕　（日）《大山鹿兒島縣參事琉球島民臺灣二於テ遭害二付問罪云々上陳附琉球
　　　　王子遭害始末屆書》，JCAHR：A03031117400。

　　七日發現南方有山有人家，故向前行去。（至七點多到達該處，行程約十二公里）果然有人家（茅屋）十五、六間。有男女居住，（耳大幾垂肩）不久用小貝殼盛飯給六十六人。初更時分，用芋頭與米混合，以約二升大的鍋來煮，給予二鍋。

　　兩名清國人奪取而剩下之物，全被此家之人奪去。閩浙總督文煜等人陳報北京奏摺有云：誤入牡丹社生番鄉內，投宿此家時，半夜時分，一人於左手握著火把，右手拿著刀，（長連柄三尺，單刀）推開門進來，剝取兩人之貼身衣服而去。八日清晨，男子五、六人各攜帶槍支向宮古人說：我們要去打獵，必定要留到我們回來以後。眾人皆表示要轉往他處而欲辭行。其餘之土人皆強迫其留下，宮古人更加心生疑惑，而以兩人爲一組分散逃走，再會合一起。行約四、五公里，遇一小河，在此處休息，有男三、四人、女四人追來，於是渡河再逃走。路旁有人家五、六間，窺看其中一屋內，有一老翁（七十三歲）出來相應，說道：琉球人吧？是首里或那霸？這話聽來親近，故進入老翁家休息。翁之子（三十歲）說若記下姓名，就可送到府城。仲本等人要了紙筆，正要寫下姓名時，先前追來之人陸續趕來，共有三十餘人，（各自拔刀）立於中庭，剝取宮古人之簪、衣服、每次帶一、二人走出門外，僅剩下二十二、三人時，一人裸體從門外跑回，說大家都會被殺了。仲本、島袋等恍然大悟，出去偷看，看到他們正在用刀子斬首。

　　（兩人談到有吃人肉，用人腦作藥材等說法，但不明白他們殺人之理由。）

　　於是眾人驚慌往四方逃散，仲本、島袋等九人躲藏在老翁家中，（兩人認爲老翁家大概位於清國管轄地之境界）該夜宿於老翁家中，九日上午老翁女婿（在文煜奏摺書中云：在土民楊有旺家中始得保全）前來，說此地非常危險，來我家吧！而勸九人到老翁女婿家。（路程十二餘公里，有山川，有平地，各處皆有人家）過兩日後，宮古人三名依照老翁之指示，來到老翁女婿家中。三人說：其餘之人都在山中被殺害了。眾人在此家中逗留四十餘日。（總共被殺五十四人）

此地爲清國所管轄，人家三十五、六間，讀漢書、學漢字，逗留期間每日供應三餐，有蔬菜、醃菜、醬油等，亦有將芋頭放入米中煮飯。時常有鄰居招待，設有酒菜雞豬之筵席等，酒則類似清國之老酒或燒酌之類。氣候暑熱，十一、二月穿單衣一件亦不覺寒冷。

十二月二十二日由翁婿同伴出行，走陸路，（行程即十二公里，爲山路，無坡）再搭小船，航行二十餘公里，再走陸路，夜晚三更時分，投宿於翁婿朋友家。（逗留二日，有千餘人家，不知村名）二十五日逆旅主人坐轎帶路，（陸路三十六餘公里，爲野地小路，無山路，處處有村落、田圃，翁婿自昨日晚上辭行。）傍晚抵鳳山縣境，二十六日抵鳳山縣（逗留二日，有數千人家，有清國兩名官員來盤問。）之日，招待粥飯，自翌日起早上供應粥飯，中午爲八碗菜及米飯，並給予十二人每人一件棉衣。（往西北走，故稍覺寒冷。）二十八日被護送行陸路，宿於一大村。（行程約二十四公里，有山川，各處有村落，此地亦非常繁榮。）二十九日隨著護送人啓程抵達臺灣府城。（路程三十二公里，無山，有村落、田圃，逗留期間每日二次飲食，八樣菜。）八重山之漂流難民亦老早護送之此地。壬申正月十日與八重山人一同搭乘大輪船（臺灣府之官船）送往清國福州府，十六日抵達福建（於福州河口停泊二日），進入琉球館，六月二日搭乘琉球唐歸船，自該處出帆，同月七日抵那霸。〔註6〕

（4）事件親歷者——陳阿三〔註7〕在日本佔領臺灣後，對前往臺灣南部踏查的伊能嘉矩講述了當時的經過：

最初六十九名琉球人漂流到牡丹灣時，被牡丹社番強拉到牡丹山中，其中五十四名被殺於社外，當時經常出入於番地的一個土人跑到埔力莊（保力莊）通報這一件事。莊民楊阿告一聽到這消息，立即和他的弟弟阿和一起從石門入山，他們在雙溪口再過去的地方，看到死屍累累於途，屍體都失去頭顱，太悲慘了，慘狀簡直無法形容。

〔註6〕（日）《大山鹿兒島縣參事琉球島民臺灣二於テ遭害二付問罪云々上陳附琉球王子遭害始末屆書》，JCAHR：A03031117400。

〔註7〕日本出兵臺灣時，日軍派「猴洞社頭人」陳阿三及統領埔的頭人去偵察番社動靜，並勸誘番社投降，因此對日軍有功。

這時候，他們看到有兩個人從森林中跑出來，定睛一看，原來是異族，似乎在哀求救助。阿和略知漢文，所以在地上寫幾個字問這些異族是什麼人？這兩個人也跟著在地上寫「我們是琉球人，同伴多人慘死於番人刀下」。他們隨即向林中大聲叫喊，有九個人應聲而跳出來，臉上洋溢著喜色。這時候，牡丹社番聽到叫聲又出來要殺人。楊阿告原來從事與番人交易的工作，很會說番語，向牡丹社番保證提供酒、牛、豬、布，以換取十一個琉球人的生命，這樣才把琉球人接回埔力莊，安頓於他的家裏。

楊阿告憐憫五十四個琉球人的慘死，向番人交涉用酒肉交換番人割取的首級，番人最初不肯，但後來又答應了。楊阿告就和統埔莊民林九（林並獅的父親）計議，將領回的首級和身軀一起葬在雙溪口，然後寫了一份告狀呈交漢人的衙門。另有一名琉球人逃到山中的 Kusku（高士佛社），隨後安然下山到楊阿告的家中。〔註8〕

（5）《京報》的記載。時任上海領事的品川，發回本國的公文中，有一件彙報中國北京消息的報告書，其中抄錄了當時北京的京報，日期為同治十一年四月初五日。此報轉載了文煜等奏報處理琉球難民事件的消息。截至目前為止，這是中國政府方面對琉球船難事件的最詳細記載。文煜等奏報的內容是：

為琉球國夷人遭風到閩，循例譯審，撫恤夷伴，有被臺灣生番殺害，現飭認真查判，恭摺馳奏，仰祈聖鑒事。竊據署福防同知張夢元詳報：同治十一年正月十七日，准臺灣縣護送琉球國兩起難夷，松大著、島袋等五十七名至省，當即安插館驛，妥為撫恤。一面飭傳該國留閩通事謝維垣譯訊，據難夷松大著供：伊是頭目官，馬依德是夷官，連同跟丁舵水一共四十六人，俱係琉球國八重山島人，坐駕小海船一隻，裝載方物，往中山府繳納，事竣。於同治十年十月二十九日由中山府開行，是（夜）陡遇颶風，漂出大洋，折斷帆桅，船隻任風漂流，十一月十二日飄至臺灣洋面，幸遇民船，救護伊等四十四人登岸，原船衝礁擊碎，該處民人將伊等帶赴鳳山縣衙門，轉送臺灣縣安頓公所，尚有同伴二人，並蒙鳳山縣續送至臺灣

〔註8〕伊能嘉矩：《臺灣踏查日記》上，第305～306頁。

縣衙門，蒙給衣食錢文。詎跟伴永森宣一名，患痘身故，給棺收斂，一面派委員辦，將伊等配船護送來省。又據夷島袋供：同船上下六十九人，伊是船主，琉球國太平山島人，伊等坐駕小海船一隻，裝載方物，往中山府，交納事竣，於十年十月二十九日，由該處開行，是夜陸遇颶風，漂出大洋，船隻傾覆，淹斃同伴三人，伊等共十六人，鳧水登山。十一月初七日誤入牡丹社生番鄉內，初八日，生番將伊等身上衣物剝去。伊等驚避保力莊，地方生番探知，率眾圍住，上下被殺五十四人，只剩伊等十二（亦說十一）人，因躲在土民楊友旺家始得保全。二十一日將伊等送至鳳山縣衙門，轉送臺灣縣安頓均家，給有衣食，由臺護送來省，現在館驛等供。由布政使潘尉造冊詳情，具奏聲明，牡丹社生番圍殺球夷，應由臺灣文武前往查辦等情前來。臣等查琉球國世守外藩，甚為恭順，該夷人等在洋遇風，並有同洋被生番殺害多人，情殊可憫，應自安插館驛之日起，每人日給米一升，鹽菜銀六釐，回國之日，別給行糧一個月，照例加賞對象，折價給領於存公銀內動支，一併造冊報銷。該難夷等船隻傾覆擊碎無存，俟有琉球便船，即令附搭回國。至牡丹社生番，見人嗜殺，殊形化外，現飭臺灣鎮府道認真查判，以儆強暴，而示懷柔，除咨部外，臣等謹合詞恭摺馳奏，伏乞聖鑒，謹奏。軍機大臣奉旨攬奏，已悉著照例判裏，並著督飭該鎮道等，認真查判，以示懷柔，欽此。〔註9〕

（6）《臺灣史與樺山大將》中所記載的「琉球官員報告書」及「川平頭目等四人的申報書」之內容，與《鹿兒島縣大山參事問罪出師建議之議附件琉球國民臺灣漂到遭害報告書》及《日本大山鹿兒島縣參事陳報琉球島民於臺灣遭殺害而擬問罪案（明治五年七月二十八日）及附件琉球王子遭難始末報告》之內容基本相同，在此省略。〔註10〕

從以上各版本對「山原號難船事件」經過的記載來看，宮古人仲本築登、島袋築登所敘述的內容最為詳細，筆者從內容分析推測，琉球人被殺的原因，

〔註9〕　（日）《品川上海領事ヨリ清國北京消息報知書抜抄》，JCAHR：A03031117500；中國第一歷史檔案館編：《清代中琉關係檔案選編》，中華書局 1993 年 4 月版，第 1079～1080 頁。

〔註10〕《臺灣史與樺山大將》，臺北：海峽學術出版社，2003 年，第 156～161 頁。

有可能是彼此間的誤解造成的。因該記述曾有「不久用小貝殼盛飯給六十六人。初更時分，用芋頭與米混合，以約二升大的鍋來煮，給予二鍋。」的記載，說明臺灣的原住民在遇到漂流民後，還是給以幫助，但由於原住民剝奪了難民的衣物，致使難民內心恐懼，在原住民要出去打獵，要求他們別離開之時，但他們還是偷偷離開而導致與原住民之間「失信」，造成了後來的獵首屠殺。

實際上原住民並非日本人所說的「野蠻生蕃」，只是「他們對善惡是非有著特殊的觀念。」〔註11〕由於臺灣南部是東亞最重要的航路之一，在海盜猖獗的時代，或許有白色人種曾經與原住民有過衝突，使臺灣番人「相信白種人曾經殺害他們，所以以為對漂流者做那種暴行是正當的報復。」〔註12〕

1867年3月時，曾經發生過美國漂民遭難事件（「羅妹號難船事件」）。美國派軍艦到臺灣番地，美國駐廈門與臺灣的領事李仙得，避開清朝官員，利用英商北麒麟，通過當地各莊及熟番頭人的關係，與番人酋長卓杞篤面議了和約。李仙得問及卓杞篤難船事件原因時，卓杞篤表述了前述理由。

其實，歷史上琉球難民遭風漂到臺灣的事件是經常發生的，而且絕大部分都得到了妥善的救助和撫恤。根據學者的研究，在清朝統一臺灣以後的175年間，共有64起琉球難民因遭風漂往臺灣，平均每隔兩三年就有一起。〔註13〕

清代琉球難船漂到臺灣案例統計：

年代	康熙	雍正	乾隆	喜慶	道光	咸豐	同治	光緒	總計
次數	1	3	13	15	13	5	5	8	64

※此表根據楊彥傑：《臺灣歷史上的琉球難民遭風案》文後所附之「清代臺灣所遇琉球遭風難民事件一覽表」內容整理而成。

根據楊彥傑的研究，在清領臺灣的二百餘年間，目前尚能找到的64起琉球難民遭風漂往臺灣案例中，不管在什麼地方難民都得到當地民眾（包括原住民）和官府很好的幫助和撫恤，使他們最終能安全地返回故土。

〔註11〕C.W.Le Gendre（李仙得）：《廈門與臺灣》，《臺灣經濟史九集》（臺灣研究叢刊），臺北：臺灣銀行，1952年，第156頁。

〔註12〕C.W.Le Gendre（李仙得）：《廈門與臺灣》，第156頁。

〔註13〕楊彥傑：《臺灣歷史上的琉球難民遭風案》，《福建論壇》2001年第1期，第66～70頁。

另據 James Davidson 的統計，從 1850 年到 1871 年底，臺灣（含澎湖）附近海面，共有 44 件難船事件，其中 21 艘遭島民搶劫，部分船員被殺，這其中僅 4 件爲原住民所爲。1882 年至 1885 年，共 31 次難船事件，其中有 6 件劫船者爲漢人。當時漢人有名的海盜巢穴在國賽港（今天台南七股鄉三股村及十份村附近）、白沙屯（今桃園觀音鄉），此外鹿港、淡水、南崁、布袋、澎湖沿海地帶，均有海盜行爲存在。有關國家曾派人到臺灣東海岸探查。較爲有名的有：1858 年美艦馬其頓號（Macedonian），1855 年美艦雄雞號（Hancock），1858 年英艦不屈號（Inflexible），1867 年英艦西維亞號（Sylvia），他們皆負有探測臺灣東海岸生地，搜尋白人船員的任務。〔註 14〕

另據湯熙勇的統計，清朝統治臺灣時期，共有 182 件外籍難船的記錄，其中以琉球船 68 件及英國船 54 件最多。以時間劃分，1842 年以前，琉球難船數最多；以後，以英國難船居首位。〔註 15〕所以，1871 年的「山原號難船事件」，並不是空前的，只是因爲受難者人數較多，而且，據琉球學者又吉盛清在《日本殖民下的臺灣與沖繩》中認爲，此船上之人並非一般史書所云的普通漁民，他們是宮古島赴琉球中山國朝貢的頭人及官員，皆爲貴族階層及其隨員。

筆者也進行了一些資料考證，僅《光緒朝硃批奏摺》中的琉球部分，就記載了幾十件的難船漂到事件。需要特別指出的是，就在日本侵臺事件發生以後，中琉之間的朝貢貿易人爲地遭到阻斷，但漂到臺灣的琉球難民仍然得到一如既往的救助和撫恤，直至光緒二十年即日本割占臺灣前夕才停止。

大量的資料證明，琉球難民不僅在大陸，同時在臺灣都得到了很好的救助，並形成了一整套撫恤制度，顯示臺灣作爲中國領土的一部分，在清代處理涉外事件時所扮演的角色及其發揮的積極作用。儘管也有極個別的例子由於難民被漂到後山而遭到「生番」殺害，但這絕不是歷史的主流。「山原號難船事件」發生後，北京的《京報》及上海的《早報》均有登載。〔註 16〕美國的《紐約時報》及上海的《北華捷報》也有轉載。〔註 17〕

〔註 14〕愛德華·豪士著，陳政三譯述：《征臺記事——武士刀下的牡丹花》，臺北：原民文化，2003 年，第 10 頁。

〔註 15〕愛德華·豪士著，陳政三譯述：《征臺記事——武士刀下的牡丹花》，第 21 頁。

〔註 16〕戴寶村著：《帝國的入侵：牡丹社事件》，臺北：自立晚報，1993 年，第 13 頁。

〔註 17〕林呈蓉著：《牡丹社事件的真相》，第 34 頁。

　　1871 年琉球漂民被臺灣土著殺害之事，實屬中琉兩國民間的刑事案件，本與日本無關。為什麼日本要利用「此次機會」出兵臺灣？其目的何在？

二、美國駐京公使教唆日本利用「難船」事件出兵臺灣

　　「山原號難船事件」發生之時，日本正處於已經明確將琉球納入版圖，各種吞併政策具體實施之時。明治政府深知琉球與清帝國的關係，恐與清朝產生矛盾，正無計可施。資料證明，在日本做出「琉球處分」之時，還不知曉「山原號難船事件」，不論是井上馨給正院的建議書，還是左院的辯論，都沒有提及此次難船事件。這些足以說明，明治政府吞併琉球的所謂「琉球處分」，與「出兵臺灣」沒有必然的聯繫。

　　臺灣學者藤井志津枝研究認為，日本政府最初獲得「山原號難船事件」消息的來源，是柳原前光寄給外務卿副島種臣的信件。

　　當時柳原正與清政府交涉修約事件，信的落筆時間為 1872 年 4 月 13 日。〔註 18〕但何時轉到副島手裏，藤井志津枝沒有提出資料證明。筆者也查找了相關資料。此信是柳原在當日夜間在天津府三岔河公館書寫的，收信人是副島外務卿及寺島外務大輔，信中還特意強調：「恐怕鹿兒島縣還不知道此事」，並在此字段下面標上重點注點。〔註 19〕

　　根據筆者收集到的新資料顯示，外務省收到信件的準確日期是 5 月 17 日，同時此信被轉給正在東京出差的鹿兒島官員，6 月 5 日時，此信送達到鹿兒島縣廳所在地。〔註 20〕

　　值得玩味的是，井上馨（1872 年 5 月 30 日）就吞併琉球進行上議之時，此「事件」似乎沒有起什麼作用。井上馨的建議及上院的議論，都沒有提及此事件，或許可以這樣推斷，此時的日本政府，根本沒有意識到想利用此事件，來釐清琉球的歸屬問題。

　　那麼「山原號難船事件」怎樣成為日本吞併琉球的突破口？一般研究者認為，借「山原號難船事件」出兵臺灣的第一策劃者是那些薩摩藩士。這似

〔註 18〕藤井志津枝著：《近代中日關係史源起》，臺北：金禾出版社，1992 年，第 49 頁。

〔註 19〕（日）《臺灣征討／86 臺灣征討事件補足四柳原外務大丞ヨリ西鄉參議宛》，JCAHR：B03030121800。

〔註 20〕（日）《臺灣征討／86 臺灣征討事件補足四柳原外務大丞ヨリ西鄉參議宛》，JCAHR：B03030121800。

乎是長久以來的一個定論。但實際的情況並非如此，最先鼓動日本政府藉此事件出兵臺灣的，是美國駐中國的領事威妥士。

柳原前光作爲日本政府派出清朝的官員，4 月 13 日給日本外務卿的信，只是向政府進行通報的例行。信中附有「同治十一年四月初五日京報漢文一通（閩浙總督上奏文）及同上日文翻譯一件」。〔註21〕這些資料說明，知悉「山原號難船事件」的柳原前光，並沒有什麼其它的想法。

是什麼讓日本政府產生了利用這次事件的想法呢？時在北京修約的柳原前光，因與李鴻章談判遇到困難，欲想回國，臨行前袂別拜會紫竹林各國領事。5 月 28 日拜訪美國領事威妥士時，威妥士向柳原就此事進行了勸告：

威妥士：「您沒有聽説不久前琉球人在臺灣遇害一事嗎？您作爲日本
　　　　國公使，必定與此事相關聯，如果西方各國發生此類事件，
　　　　軍艦就會直接開去，懲戒其暴，謀取償金。」〔註22〕

柳　原：「琉球人遇害一事令人憐憫，我也曾將京報中的一節抄錄轉
　　　　寄給外務卿，琉球雖是我管下之地，國君和使臣也經常有往

〔註21〕（日）《臺灣征討／86 臺灣征討事件補足三柳原小弁務使ヨリ外務大少丞記
　　　　宛》，JCAHR：B03030121700。
〔註22〕（日）《臺灣征討／86 臺灣征討事件補足二柳原外務大丞兼少弁務使米國領事
　　　　「メットホルス」對話》，JCAHR：B03030121600。

　　　　來，但還不是我們的屬國，如若是我附屬之國，此事當然要
　　　　如您所說的那樣處理。」〔註23〕

　　威妥士：「我開始就知道琉球不屬於貴國，只是非常厭惡其暴行，也
　　　　　　恨其救助寡少。」〔註24〕

　　這份資料充分證明，日本政府之所以想利用「山原號難船事件」出兵征
討臺灣，是出於美國人的勸告。從柳原前光的答語也可看出，當時日本政府
並沒有把琉球當成自己的屬國，而威妥士的建議，給柳原提供了一個釐清琉
球關係的新思路。柳原也因威妥士的勸言，而產生了出兵臺灣的想法。

　　柳原前光最先就此事與西鄉隆盛〔註25〕進行商議。當時西鄉表示：「隆盛
生長於薩摩，通曉琉球事情，這次陪同聖駕，近日將到鹿兒島，告之縣官此
事，並以快船報琉球，讓他們必須成為我真屬。」〔註26〕柳原當時還擔心地
對同行的高崎正風說：「在廢藩的同時，鹿兒島縣廳應儘快派使向琉球通報，
求得以新的方式交往，但琉墨守成規以久，恐不是易事。」〔註27〕

　　這份資料是 6 月 23 日報給日本外務卿的，其具體內容包括「就琉球人在
臺灣橫死一件在天津與美國領事的應答」及「西鄉隆盛的意見等的報告之
件」。資料顯示，當時在北京的柳原前光，曾經與西鄉隆盛就琉球難船事件的
處理有過商議。西鄉已經計劃把美領事的提議告之鹿兒島縣官，並希望琉球

〔註23〕　（日）《臺灣征討事件／86 臺灣征討事件補足二柳原外務大丞兼少弁務使米國
　　　　領事「メットホルス」對話》，JCAHR：B03030121600。
〔註24〕　（日）《臺灣征討事件／86 臺灣征討事件補足二柳原外務大丞兼少弁務使米國
　　　　領事「メットホルス」對話》，JCAHR：B03030121600。
〔註25〕　西鄉隆盛（1827～1877）和木戶孝（桂小五郎），大久保利通並稱「維新三傑」。
　　　　1866 年 3 月在京都同長州藩倒幕派領導人木戶孝允等人締結薩長倒幕聯盟密
　　　　約。1868 年 1 月 3 日，與岩倉具視、大久保利通等人發動王政復古政變，推
　　　　翻了德川幕府的統治，建立明治新政府。在同年的戊辰戰爭中任大總督參謀，
　　　　指揮討幕聯軍，取得了戰爭的勝利。因他在倒幕維新運動和戊辰戰爭中的功
　　　　勳，在諸藩家臣中官位最高，受封最厚，成為明治維新的元勳之一。1870 年
　　　　初，由於與大久保等人在內政方面的分歧，辭職回鹿兒島任薩摩藩藩政顧問，
　　　　後任藩大參事，參與藩政改革。1871 年到東京就任明治政府參議。1872 年任
　　　　陸軍元帥兼近衛軍都督。在此前後，參與廢藩置縣、地稅改革等資產階級改
　　　　革。他鼓吹並支持對外侵略擴張。
〔註26〕　（日）《臺灣征討事件／86 臺灣征討事件補足三柳原小弁務使ヨリ外務大少丞
　　　　記宛》，JCAHR：B03030121700。
〔註27〕　（日）《臺灣征討事件／86 臺灣征討事件補足三柳原小弁務使ヨリ外務大少丞
　　　　記宛》，JCAHR：B03030121700。

儘快成爲日本的屬國。這涉及到琉球的歸屬問題，也說明他們已經在考慮美國領事提出的出兵問題。

目前歷史學界就此事件的研究，都認爲日本出兵臺灣的緣起，是由鹿兒島縣參事大山綱良的意見書開始的，且大山獲取的信息也是由當時鹿兒島縣派到琉球的使者伊地知貞馨帶回的。大山綱良在「建白書」上假借琉球王之名，建議「仗皇國之威，興問罪之師，出兵征討彼等，故謹借軍艦，眞搗其巢窟，殲其巨魁，上張皇威於海外，下慰島民之怨魂。」〔註28〕

根據「大山綱良建議書的附言」，琉球難民是在 6 月 7 日才回那霸。而柳原前光的信在 6 月 5 日就已經到達了鹿兒島縣廳。實際上，鹿兒島的薩摩藩士們比琉球王還要先知道此次難船消息。

通過以上的分析，證明實際的情況可能是，鹿兒島縣的薩摩藩士諸如樺山資紀、桐野利秋、西鄉從道等人，在伊地知貞馨通報之前，就已經通過西鄉隆盛知道了此事件，並已經開始謀劃出兵征討臺灣，以求得補償金。所以，當難船回到那霸時，薩摩藩士們策動出兵征討臺灣的計劃已在醞釀。〔註29〕

由於薩摩大名的封建權力已交還中央政府，無權處理此事，於是他們建議琉球派遣使者赴東京，反映此次難船事件，兼向明治政府商議琉球歸屬問題。這樣才有鹿兒島縣吏向宮古島民仲本築登之和島袋築登之等人尋求證據筆錄，大山綱良提出欲出兵臺灣問罪復仇的「建白書」，並委託伊地知貞馨將「建白書」轉呈給外務卿副島種臣。大山綱良的「建白書」標注時間爲「7 年 28 日」。〔註30〕

從 6 月 5 日柳原的信到達了鹿兒島縣廳，到 7 月 28 日大山綱良的出兵「建白書」，中間間隔了近兩個月，這也說明了其中的問題。

根據以上分析，能否得出這樣的結論：日本出兵臺灣的計劃，是有預謀的，也是精心策劃的。正是這個至今還沒有研究者道出眞相的大陰謀，將呑併琉球的「琉球處分」與出兵臺灣聯繫起來。日本政府借出兵大清帝國的屬

〔註28〕　（日）《臺灣征討事件／3 二鹿兒島縣ヨリ外務省宛》，JCAHR：
　　　　　B03030113200。
〔註29〕　（日）《琉球國民臺灣漂到遭害屆二付大山鹿兒島縣參事問罪出師建言ノ
　　　　　儀》，JCAHR：A03030095300。
〔註30〕　（日）《琉球國民臺灣漂到遭害屆二付大山鹿兒島縣參事問罪出師建言ノ
　　　　　儀》，JCAHR：A03030095300。（日）《臺灣征討事件／3 二鹿兒島縣ヨリ外務
　　　　　省宛》，JCAHR：B03030113200。

地臺灣，向全世界明確琉球的歸屬，是「出兵臺灣」的關鍵所在。而此計劃中的「出兵臺灣」，目的是明確琉球的歸屬，謀取賠償金是次要的，同時，此時的「出兵臺灣」計劃，還沒有包含欲殖民臺灣番地的性質。而此後日本政府的一系列吞併琉球的行為，也能驗證「出兵臺灣」的關鍵點在於事實上為實現「吞併琉球」服務。但美國人李仙得的雇入，才使此計劃的性質又萌生出殖民臺灣的目的。

小結

根據以上內容分析來看，日本於 1871 年「廢藩置縣」後，開始著手解決琉球的歸屬問題，即所謂明確琉球歸屬問題的所謂「併吞琉球」開始出臺。切斷琉球與中國的藩屬關係，是實現吞併的重中之重，而此時發生的「山原號難船事件」，美國人暗中挑唆日本出兵，恰為大山綱良提出的「出兵臺灣」，藉以釐清琉球的歸屬，提供了藉口。

第六章　李仙得的雇入及其在出兵臺灣中的作用

　　日本利用 1872 年發生的「山原號難船事件」出兵臺灣，現在一般研究都認為，它的策劃者為薩摩藩士「大山綱良」。但根據筆者查閱到資料，實際的情況並非如此，最先鼓動日本政府藉此事件出兵臺灣的，是美國駐中國的領事威妥士。威妥士的建言究竟起著怎麼的作用，目前沒有資料能夠證明，但至少有一點是真實的，那就是威妥士對柳原前光的出兵建議，遠遠早於大山綱良出兵請求書的時間。這就可以推斷，日本利用「山原號難船事件」，是出自美國人的教唆。此後，美國駐日公使德朗向日本政府介紹了「臺灣通」李仙得，李仙得向日本政府提供大量臺灣的相關情報，並慫恿日本政府出兵臺灣，繼而多方協助，給予籌謀，最終使日本出兵臺灣的計劃得以出臺。

　　受雇後的李仙得從 11 月（1872）開始，圍繞着臺灣問題，向日本政府提出近五十件備忘錄（覚書）及很多的意見書，為日本政府提供國際法、軍事、外交等各方面更加具體的出兵意見，「深深地影響着日本政府的臺灣策略及日本對清交涉方針」〔註1〕，也使日本出兵臺灣的計劃，由單純的討伐求取償金的行為，傳向了攫取殖民地的性質。

一、美國人「臺灣通」李仙得的雇入

　　臺灣番地，早已隸屬於中國版圖，惟以生番習性不同，未可強制以法，故清朝在漢番之交地，設立土牛示禁，以防止漢番之間相斗滋生事端。清政

〔註1〕　（日）我部政男、栗原純編：《ル、ジャンド臺灣紀行》（第四卷），東京：綠陰書房，1998 年，第 467 頁。

府在東臺灣開發過程中，出現的漢番圍繞土地的衝突，清朝統治者採取了漢番隔離的政策，於是，臺灣歷史上形成了東部山地與西部平原的分界。清政府最初在原住民出沒要口處，立石爲界，繼而在立石處開溝，最後則在彰化縣，淡水廳一帶，以山溪爲界，其無山溪處，亦一律挑溝堆土，以分界線，築爲界線的土堆，外形如臥牛，故稱土牛，而位居其側之深溝，則稱爲土牛溝，也稱作土牛線，或紅線、隘勇線等。〔註2〕

臺灣的土牛線是歷史形成的，主要是清政府治臺政策的產物，是針對漢番對待土地開墾中的問題而設立。土牛線並非固定不變，而是隨著漢番隔離政策的調整，其名稱不斷演變，所處位置也時常發生移動，而且管理方式也並非千篇一律，成爲清政府治臺政策的附屬物。此種地界和國土疆界是風馬牛不相及的兩種事情，是當時中國政府內政的一種方式。如果將此作爲近代意義的國境線難免有些牽強，而且甲午戰爭後日本佔領臺灣初期，也是沿用此方法，並改進到隘丁線，當時的隘丁和清治時期的作用基本相同。〔註3〕

這本爲一種消極的治安措施，卻被不明民情的外國人所誤解。特別是美國「羅妹號（Rover）事件」後，美海軍逕至臺灣南端登陸，實施征討行動，使美國駐廈門領事李仙得等人，萌生出佔領臺灣番地的想法，但此觀點不爲美國國務院所接納，此後李仙得便對臺灣番地採用雙軌政策。

所謂的「雙軌政策」，即是源自李仙得認爲，清閩臺官員與臺灣生番，在與他們的交往處理事務過程中，應分別施用不同的政策。李仙得認爲，與清官員商辦事務時，必須有強大的武力作後盾，否則難以獲取滿意的結果；而對臺灣生番，即使示以強大的武力，也未必使其屈服，生番頭腦比較簡單，透過某種和平交往，反而可以與他們建立起友好的關係。

李仙得的「雙軌政策」取得了一些實效，增進了「美國在中國的聲威」，李仙得個人也獲取了「臺灣通」的稱號。當時美國亞細亞艦隊司令、美國駐華代辦、以至於美國國務院相繼認可並讚揚李仙得的成就。〔註4〕美國駐日本公使德朗，亦爲李仙得的同路人。

〔註2〕 臺灣在明鄭時代就有紅線、土牛的存在，爲了「防番」堆積土壘，形如臥牛，上面疊磚爲牆，磚色是紅色，所以叫紅線。參見伊能嘉矩：《臺灣踏查日記》上，第128頁。

〔註3〕 （日）伊能嘉矩：《臺灣踏查日記》上，第130頁。

〔註4〕 黃嘉謨著：《美國與臺灣》，臺北：中央研究院近代史研究所，1965年，第224頁。

李仙得雇入ニ付副島外務卿ヘ出翰

米公使ヘ往翰案

日本政府ニ於テ方今一時當帝國ニ在留スル米利堅人ヲ以テ〔ジェネラル、ルドッブリエリ、ジャンドル〕文官トシテ雇入ニ度仔細ハ其訳ハ閣下ヘ十分造述イタシ置キ候間此書中ニハ贅言不致候我カ日本皇帝陛下ヨリ閣下ノ手ヲ経テビリ〔ジャンドル〕ニ同氏之ヲ領承セハ當帝國ノ二等官ニ命シ一ケ年俸金一萬二千圓ヲ可下賜候テネラル、ジャンドル直ニ此詰命ヲ

1872年10月12日，李仙得離華返美。李離開中國的主要原因，是美國駐華公使對他的「番策」很不熱心。是年2月，他聽聞琉球人在臺灣番地被殺的消息後，親自乘船去臺灣番地責問原由。回到廈門後，他給美國駐華公使及清政府提出建議，要求懲處番人的暴行。但當時公使鏤斐迪及清政府都不予理睬。不僅如此，鏤斐迪還批評他潛入臺灣並公開與番人談判是不法行爲等等。於是，他將情況上報美國政府，認爲清政府及美國駐華公使都有放任番人暴行的嫌疑。由此，他與公使鏤斐迪極不相容。總統格蘭特讚賞他的功績，推薦他做阿根廷公使，於是，他辭去廈門領事之職，啓程回國，中途在日本轉船。

此時正值日本爲斷絕琉球的兩屬關係，準備以難船事件爲由進犯臺灣。外務大臣副島種臣知道美國海軍因「羅妹號」事件曾與臺灣生番交戰過，特向美使德朗咨詢，德朗卻暗中力勸日本佔領臺灣。〔註5〕美國政府內部也有人

〔註5〕德朗在與副島見面時，除向副島介紹李仙得其人外，還教唆説：美國無意佔有他國的土地，但是我們樂意見到我友邦擁有並拓殖他國的土地。有關這次臺灣事件，若貴國將有所盤算時，我雖能力有限，但願爲提供拙見。他並進言：臺灣氣候條件適宜，且爲膏腴之地，盛產米、砂糖等，還有礦山多處。當時海港良好，對外國人來説，是極爲便利之場所。據説外國人之中亦有覬覦該地者，該地雖爲清國管轄，但由於其政令不行，故先占者可先得。他提出臺灣事件必須採取的三種策略：第一，是否要立即派遣問罪之師？第二，是否要與土著交涉，訂定今後之管理方式，當我國人民及琉球人抵達時不再施暴？第三，若認爲屬於國家統治權事宜，是否要向其政府交涉要求其處理？同時，德朗還向副島允諾：若貴國派船到臺灣，我軍艦有該處之海岸地圖等，願爲提供。參見：《副島外務卿米公使卜臺灣一件応接書抄略》，JCAHR：A03031117700。

希望中日同盟破裂，將日本拉入西方列強的行列。〔註6〕德朗與李仙得會晤，要求李仙得暫居日本，李欣然同意。德朗介紹李仙得會見副島，李借機向副島介紹了清政府與臺灣番地的關係：「美國船漂流至岸遭遇生番殺害之時，曾要求清政府對該事件進行查處，清政府雖滿口承諾卻屢不實行，故再三加以督促之時，則答以雖有管轄，但難免有疏漏；而我與臺灣內山十八番頭目卓杞篤先前協議救護遇難外國船員，不包括中國人在內，此次琉球船民被害，實因其貌與中國人類似，致爲生番誤會。」〔註7〕他還進一步指出，美國並不想取得該處土地，亦不反對由日本政府來統轄該地，但日本希望與中國政府談判取得該地，想必不會成功，既然如此，日本可徑在該處建立炮臺派兵守衛。〔註8〕

李仙得在第二次會見副島時建議說，按照國際公法，爲保護人民，要求建築炮臺、燈塔等事宜，最好向清政府提出談判。日本應以此次琉球難船事件爲由，要求清政府立約爲據，修建炮臺、燈塔，保護過往船民。如果清政府不置可否，可告之日本擬租藉此地。清政府遇有外國詰問，往往視臺灣爲化外之地。臺灣究竟屬何國管轄，殊有問題。亞洲國家之日本，如欲佔領臺灣，理由雖不充分，但我願意盡力協助。清政府明言無法防禦臺灣之事，記載於我暗中獲得的書籍中，敬請閱覽。臺灣防衛力量薄弱，只需兩千精兵，即可攻取。當然日本如因出兵臺灣，致與中國決裂，自非善策。但既經依照萬國公法商請清政府保護遇難外國船民，清政府未能辦到，日本自行設法保護，乃理所當然，且此地區，遲早必須開發，終有爲人攫取之日。〔註9〕

李仙得還向副島介紹了臺灣番地的地形、各社人種數目及其相互關係、番人對官府的態度、臺灣的要地、港口及附近島嶼及各地物產情況。

李的建議使日本如獲至寶，副島強烈希望李仙得能留在日本供職，甚至

〔註6〕 （日）清沢洌：《外政家としての大久保利通》，東京，中央公論社昭和 17 年初版，第 58 頁。

〔註7〕 （日）《副島外務卿橫浜ニ於テ米人李仙得ト臺灣一件応接書》，JCAHR：A03031117800。

〔註8〕 （日）《副島外務卿橫浜ニ於テ米人李仙得ト臺灣一件応接書》，JCAHR：A03031117800。

〔註9〕 （日）《副島外務卿延遼館ニ於テ李仙得ト再度応接書抄略》，JCAHR：A03031117900。

提出日本如果統治臺灣，由李仙得任總督代表日本行使政權，並答應給李與駐日公使一樣的每年銀洋 12000 元的高薪。〔註10〕

同時，副島向美國公使致函，要求雇用李仙得：「日本政府擬雇用目前暫時居於本帝國之美利堅人李仙得將軍（C.W.Le Gendre）爲文官，其原因已充分告訴閣下，故此信內不再贅述。我日本皇帝陛下經閣下之手誥命李仙得將軍，若該氏同意，將任命爲本帝國之二等文官，下賜薪俸一萬二千元。若李仙得將軍立即同意此誥命，而擔任皇帝陛下之文官時，則以前開之等級及薪俸，擔任現由本政府派遣至清國北京政府之使節之參謀一職，並隨行前往。告知閣下此事之目的在於希望閣下設法讓李仙得將軍儘早同意此事，並期望盡速回復該人同意之意。若閣下致力周旋此事，則我政府必定會對此特別恩惠之處置予以感激讚賞之意，且爲使此目的傳達無誤，而隨書函附上譯文。」〔註11〕

從上述內容分析來看，日本政府已經向美國駐中國公使明確提出雇用李仙得的目的是什麼。值得我們特別注意的事情是，美國政府竟然是公然支持日本，駐北京的美國公使鏤斐迪（F.F.Low）也支持李仙得的雇用：

上月二十八日一六一號貴函敬悉，並瞭解其爲密函。然而自從收到貴函及附件以來，未得閒暇，僅能於倉促之間閱覽。閣下通知之事，只能以推測之辭函覆，詳情容後於下次船班前奉覆。此次日本國對清國朝鮮有所企圖一事，並不認爲不符合我個人之想法，且見到日本政府欲伸張道理，恢復某領地之管轄，或其遭受之不合理之事依照法律來要求正當償還，故絲毫不覺得有何不可。且閣下熱心探索日本政府對上述兩國之目的及企圖，而敝人亦無申述異議之意，反而蒙閣下親切地告知，實不勝銘感之至。

然而派遣使節赴清國及任命一名我國居民爲副使一事，尊意與拙意有所出入，實爲令我苦惱之事。據我所知，日本政府對於上述事件有關之種種事案，並無抉擇以談判方式獲得和平解決，且政府不存有任何期待。故而推測派遣使節之目的，在於提出對方可能拒

〔註10〕　（日）《米人李仙得雇入準二等出仕達並副島外務卿米國公使往復書》，JCAHR：A03030096800。

〔註11〕　（日）《副島外務卿ヨリ米公使ヘ李仙得雇入云々往來》，JCAHR：A03031118200。

絕的要求，而此要求一旦遭拒時，終將成爲對抗之材料。若上述案
件亦有完滿解決之可能性時，則派遣使者並錄用美國一公民爲使節
副使一案，敝人認爲毫無不妥，但即使有解決之可能性，亦確實有
許多道理認定其爲非，故敝人並不希望揭穿如此事件。

　　如閣下所知，若日本政府決定雇用李仙得將軍，且該人亦承諾
其願意任官時，則敝人亦欣然在職司範圍內爲達成上目的而略盡綿
薄之力。對於該事件將於下次船班再請教尊意。〔註12〕

從此信的內容分析來看，美國駐清公使鏤斐迪對日本欲利用「山原號難
船事件」出兵臺灣一事已經有所瞭解，且有認同日本的想法。對日本赴清之
目的也有所瞭解，並認爲談判沒有獲得和平解決的可能性，並推測日本可能
會找茬說事，並說自己不想揭穿此事情，承諾願意幫助日本政府雇用到李仙
得。鏤斐迪作爲美國駐清公使，其身份爲美國政府的代表，此種行爲顯然是
不合情理，也有違於國際法。筆者沒有查閱鏤斐迪與駐日公使德朗之間的溝
通信件，但29日德朗又回信給副島，美國已經同意日本政府雇用李仙得：「明
治五年十一月十八日貴函擬雇用用李仙得爲日本政府工作乙案敬悉。關於本
案，敝人曾經盡力勸諭其辭去美國政府之職務後接受誥命，而該人已於今日
提出辭呈辭去清國廈門美國領事官之職務並拜受所頒誥命之事囑本人向閣下
函覆。並回答自今日起，該人自己接受日本天皇陛下政府之使節命令。在此
殷切期望天皇陛下大展鴻圖，完成勳業。敬陳如上。」〔註13〕

李仙得也想借助日本實現自己的野心。於是美使德朗與美國國務院及美
國駐華公使聯繫，使李仙得得以順利地受雇於日本政府。〔註14〕

二、李仙得爲日本政府提出的策略

當時日本政府授予李仙得「準二等出仕」頭銜〔註15〕，從此李仙得開始

〔註12〕　（日）《在北京米公使ヨリ皇國ノ支那朝鮮ニ對スル結構及ヒ李仙得雇入云々
　　　　復柬》，JCAHR：A03031118300。
〔註13〕　（日）《米公使ヨリ副島外務卿ヘ李仙得雇入云々復柬》，JCAHR：A03031118
　　　　400。
〔註14〕　（日）《副島外務卿ヨリ米公使ヘ李仙得雇入云々往柬》、《在北京米公使ヨリ
　　　　皇國ノ支那朝鮮ニ對スル結構及ヒ李仙得雇入云々復柬》、《米公使ヨリ副島
　　　　外務卿ヘ李仙得雇入云々復柬》，JCAHR：A03031118200；A03031118300；
　　　　A03031118400。
〔註15〕　（日）《李仙得外務省準二等出仕辭令》，JCAHR：A03031118500。

全心爲日本謀取臺灣出謀劃策。李仙得從 1872 年 11 月開始，圍繞著臺灣問題，向日本政府提出幾十件備忘錄（覺書）〔註 16〕及很多的意見書〔註 17〕等，爲日本政府提供國際法、軍事、外交等方面更加具體的侵略建議，「深深地影響著日本政府的臺灣策略及日本對清交涉方針」。〔註 18〕

李仙得為日本政府提供的備忘錄（覺書）一覽表

備　忘　錄	題　　　　　　目
第 1 號備忘錄	論臺灣番地著手辦法並附斯密之論
第 2 號備忘錄	論經營管理臺灣全島辦法
第 3 號備忘錄	論如何教化、統治野蠻各部
第 4 號備忘錄	論外國人土蠻處分的思想及謀劃澎湖的遠期戰略
第 5 號備忘錄	全權公使應對清國策略
第 9 號備忘錄	關於副島閣下給荷蘭公使答禮一條及公使和李仙得的應對書
第 10 號備忘錄	關於赴北京日本大使及各國公使職位的討論
第 11 號備忘錄	關於日本大使在中國總理衙門的回應一件給副島閣下的通報
第 12 號備忘錄	使臣職位之禮儀的討論
第 17 號備忘錄	（臺灣）天氣預報一則
第 19 號備忘錄	各國尺度之辯
第 20 號備忘錄	（臺灣）天氣預報一則
第 22 號備忘錄	論生番略有後設置統轄官、制定其權限並施行之政令
第 23 號備忘錄	論各艦發航順序及李氏以下外國人著手方法
第 24 號備忘錄	コルログ號船一條
第 25 號備忘錄	社僚碼頭剖面圖及各船舶碇泊之議
第 26 號備忘錄	關於船舶海中避難預防之策
第 27 號備忘錄	就征番給清國政府的咨文

〔註 16〕　「覺書」在日語中的解釋爲「1、爲了不忘記而寫下來的東西及文章；2、把事實和主張傳遞給外國的外交文書。」一份「覺書」中有時包含幾份議案，多者達到幾百頁。中文可以理解爲備忘錄。

〔註 17〕　（日）《李氏書翰目錄》、《李氏書翰》、《李仙得臺灣島ノ儀ニ付覺書ノ内抄錄》，JCAHR：公文書館藏檔：A03030056200；A03030069300；A03030060500。

〔註 18〕　（日）我部政男、栗原純編：《ル・ジャンドル臺灣紀行》第 4 卷，東京：綠陰書房 1998 年版，第 467 頁。

備　忘　錄	題　　　　　　　　目
第 28 號備忘錄	外國人從軍者俸給之請求
第 29 號備忘錄	致西鄉閣下關於有功丸船運煤事宜
第 30 號備忘錄	致西鄉閣下關於北海丸船一條
第 31 號備忘錄	必須向臺灣番地送外科醫生和製冰器的意見書
第 32 號備忘錄	在中國總理衙門交涉時如何應答的議案
第 33 號備忘錄	關於番地出兵及中國的反應
第 34 號備忘錄	評論日本政府新聞紙創立一件

說明：本表根據公文書館所藏的《第 1 號記錄》、《第 2 號記錄》、《第 3 號記錄》、《第 5 號記錄》、《第 8 號記錄》等整理而成。

在第 1 號備忘錄中，李仙得借助於所謂的「國際法」，認為日本未來的發展方向應當走西方的道路，代替中國成為亞洲盟主，合併亞洲未開化之地，以防禦西方殖民的腳步。同時，對清政府統治臺灣番地提出異議，教唆日本政府接受番地乃「無主之地」的思想：「譬如在大洋中的一個孤島，野蠻的番人在此居住，一個文明的民族發現了它並引導他們走向文明開化，但番民厭惡文明，不服開化，並加害他國公民，最好的辦法就是將此蠻民遷移出去，由文明之民來取而代之……又譬如其島民一部分為文明開化之民，一部分為野蠻落後之民，文明之民要為野蠻之部分制定法律進行管理，作為其屬地行使正當有效的權力。如果說中國政府自己發現了此島，也可以說又由中國政府自己放棄了此島。清國政府對一部分的島民施以布政教化，那麼按道理清國政府也應管轄另一部分，但清國政府卻不能拿出事實上的有效證據。」〔註 19〕

第 2 號備忘錄其全名為「論經營管理臺灣全島辦法」〔註 20〕，此計劃書起草於「1872 年 10 月 15 日」，也被稱為「提給日本政府有關生蕃處置意見之備忘錄」，其內容實際上是李仙得向日本政府提出的如何取得臺灣的實際策略，即詳細的攻取臺灣的計劃，其內容如下：

就琉球牡丹社事件，日本政府在與總理衙門進行談判時，估計清政

〔註 19〕 （日）《李仙得覺書第一號臺灣番地著手云々之論並斯密附論》，JCAHR：A03030097300。
〔註 20〕 （日）《李仙得覺書第二號臺灣全嶋ヲ逐條經理スルノ論》，JCAHR：A03030097400。

府的回答可能是：琉球是我大清國的屬國，生蕃地牡丹社亦是臺灣的一部分，它們都屬於中華帝國內部事務，所以按照慣例，查其原委，懲其曲直，其責在我大清政府。以前（1867年）應美國政府的請求，我政府已經派遣軍隊對排灣族進行了嚴懲（「羅妹號事件」）。這也是懲罰之責在我政府的一個有力證據。另外，不管是否聽聞琉球人遇害事件的報告，我政府都將儘快下敕旨，對牡丹社人進行嚴罰，並就今年五月日本使者所言及的清國臣民對生蕃人施以奸謀欺詐一事進行調查。另就對生番人進行處理一事，我政府認爲他們本屬野蠻人種，其行爲、其風俗甚爲卑下恐怖，恐難以用武力壓服，望日本政府莫把尊貴的民命棄於無望之地。同時，對貴國政府救助「馬利亞羅茲」號清國公民一事，我政府深表感謝，並願兩國的友誼年年加深。

據此推測，我方必須發出嚴詞峻語，才能使談判破裂。最重要的是我方必須明言，請求把臺灣島給予我國。其理由如下：

第一、清國政府的統治權力從來就沒有觸及到臺灣島的東南部，其政權的普及、政令的布示、事務的管理都沒有在此地進行。根據這一事實，清國政府應當知道，現在各國的船舶在臺灣東南部沿海來往不絕，恐怕遲早會有其他國家的人來此地進行管理。這樣與其讓西方人領有，還不如讓我日本國領有。

第二、日本山居之民，其體質最適合與生蕃人交戰，清國無此良兵。日本將不費時日就能佔領此地。我方先以武力制服生蕃，再以仁愛禮儀之心對其進行教育，促使生蕃睿智漸開。

第三、此策對清國政府來說是一勞永逸之策，與其讓他國領有臺灣，不如讓日本領有爲上策，因日本的風俗大體上與之接近。

如果清政府不按日本的請求把臺灣島給予我政府的話，我方可不拘泥於請求要項，直接出兵佔領島內生蕃所在地。此地乃清政府統治沒有布及的空虛之地。作爲威味之聲勢，在使節到達北京之前，備好兵糧武器，運兵八千至宮古島。運兵一事可借助於東北季風，用洋式或和式帆船，既能減少費用，又能順利完成運兵任務。另外，需在談判結束之前，派一鐵甲艦及一小型汽船在清國的南海岸及臺灣附近往來巡視。

萬一此威哧沒有成功，必須進入實戰狀態，我軍隊需儘快佔領臺灣島西部，因爲島東部沒有可碇泊的港口，我方船隻沒有避風之場所。佔領島西部地區作爲大本營及根據地，向東部的士兵運送糧食和武器，即便是在狂風暴雨之時，一日也能到達。這樣既可以免於東部的兵士飢饉之荒，也使武器彈藥不至於缺乏。佔領臺灣島西部以後，（糧食和武器）用鐵甲艦運送到澎湖島（漁人島），以便在取得馬公（麻昆）及（ポンフー）港之後用於守備。同時用吃水十二英尺以下的炮艦三艘保護運兵船，將屯住在宮古島的八千士兵中的一百人送到西貝島（ソーベイ），派有能力的指揮官對此地進行嚴守。另外，運送一千五百人到基隆、一千人到淡水。在基隆必須留一艘炮艦進行守衛。

宮古島及臺灣北部時常有大風，從宮古島到西貝島（ソーベイ）、基隆及淡水距離並不遙遠。

到西貝島（ソーベイ）只有一百英里，所以，如果汽船一個小時行進七英里，十四小時即可到達。

到基隆一百四十英里，大概需要二十小時到達。

到淡水一百八十英里，大概需要二十六小時到達。

所以只要找到當地的引水員，即可不必擔心會有危險發生。

如能按上述配備兵力，那麼在宮古島將還有五千四五百兵。把其中的四千四百人送到澎湖島（漁人島）。此島距離宮古島三百五十英里，用汽船需要五十個小時才能到達。這主要是對前面所說的「馬公（麻昆）」港進行守衛，以防止支那的襲擊。

在馬公（麻昆）港守備的指揮官必須清楚地注意到，此港口南部的低地上有一突入海中的岬岩，其上建有兩座堅固的炮臺。此地乃馬公（麻昆）港的門戶，其主要目的是爲防止敵艦向港內射擊及敵人進攻所建。（此情況將在別紙詳細闡述）

馬公（麻昆）港的北部有一清國人的小市場，我們可在此獲得少量的番薯、豆類、蔬菜、魚類、雞蛋等食物。

澎湖島（漁人島）的島民都是支那的賤民，大體上都以捕魚爲業。此地氣候炎熱，但對健康無害。

在馬公（麻昆）港有支那的兵丁屯住，由「北福帶」（ペフタイ）來指揮。不用擔心，恐其看見我日本的鐵甲艦就會不戰而降。

四千四百名士兵到達澎湖島（漁人島）後，馬上用汽船數艘、鐵甲炮艦一艘護送其中四千兵到臺灣的首府臺灣府，留四百兵守衛馬公（麻昆）港。

臺灣府與澎湖島（漁人島）有九十英里的距離，所以，運兵船在日落之前出發，第二天未明即可到達臺灣府。

臺灣府的周圍是用花崗岩砌成的三十英尺高的圍墙，上面有多枚大炮，但沒有炮架，不能應戰。我軍可在城外適宜之處建幾所炮臺，不需要激烈的戰鬥，即可輕易地使敵人降服，取得臺灣府的主權。

臺灣府的城墙縱然堅固，但也難以抵擋我軍的大炮。

臺灣府一旦降伏，我軍入城後馬上在安平構建沙造炮臺，以防止從海路而來的敵人。在沙造炮臺建好之後，或者在此之前合適之時，用鐵甲艦把五百名士兵運送到打狗（高雄）。此城在臺灣府南三十五英里處，那裡沒有防備用的炮臺，也沒有駐屯軍隊，不需要進行戰鬥既可平定此地。如果清國在此地有炮艦活動，我方可用鐵甲艦直接與之較量，將之擊沉。此地平定後，爲防止敵人的來襲，在此地建設炮臺，並留一艘炮艦在此地進行守護。鐵甲艦返回到「澎湖島（漁人島）」。

鐵甲艦回澎湖島（漁人島）到後，其附屬的小汽船必須經常在臺灣與澎湖島（漁人島）之間進行往返巡視，以探知從福州、廣東方面的敵艦動向，並將情報向主將報告，主將再把報告發送到鐵甲艦上。這樣鐵甲艦就可以將行進中的敵艦隊擊沉、打碎或驅散。

臺灣府、打狗平定後，儘快把一百名士兵從打狗運送到枋僚。最近，支那人在那裡建設了兵卒屯集所。另外，從臺灣府送五百人到社僚（車城），在此地構建沙造炮臺，以防止敵人的海上入侵。

上述各項闡述了如何攻取臺灣、攻取之後怎樣守衛以防止敵人進攻的重要步驟。但前項沒有言及基隆、淡水兩地的炮臺守護問題。

隨行的我軍（士官）必須注意的是，在取得上述兩地後，必須儘快採用大炮進行守備。同時輕炮隊及山用白炮對臺灣南、北部的平定也是不可缺少的。

基隆、淡水、臺灣府及打狗都設有稅館，那裡有支那人雇用的外國人在此工作。估計此地必有金銀物品，我方要安全、妥善地將其繳獲。另外在淡水附近、板橋（バンカー）及臺灣府都設有清政府所轄的大型糧倉，這也是我方必須注意的事情。

在臺灣府還有許多不起作用的大炮，淡水也有一些。我方應將其用運輸船或炮艦運回日本進行熔解。

如前所述，我方在取得臺灣各地之後，必須將支那政府所屬各種對象全部拋棄。對臺灣民眾盡量親和，決不作欺騙之事。指揮官宜用支那文多印一些布告在各地張貼。布告書明言我皇國軍隊來此地是為懲罰支那政府的惡行，決不加害於無辜之普通百姓，凡發誓恭順我皇國者皆給予保護，但若起兵反叛或內通支那者一律按軍法處死，決不姑息。

基隆、淡水兩地平定後，我方可向當地土著人購買糧食。儘管如此，如果數周後還要留在此地，我軍隊必須從開始就要攜帶好數周用的食物。

在臺灣府和打狗兩地，我軍不難獲得糧食。但為了以防萬一，我軍必須準備好數周用的糧食。

在前面所言之地，很容易就能找到貯藏糧食物品的倉庫。

枋僚及社僚兩地居民很少，要想獲得最初的糧食也很困難，所以必須從臺灣府運送糧食。

在前面所言四地，能獲取到牛肉、魚類、乾野豬肉等，另在臺灣府、打狗、淡水、基隆等地還能買到米、糖、甘蔗、豆類等。最初雖說須用錢來購買，但臺灣有四百萬人口，以後可用收稅方式來解決。

負責後勤的官員必須注意在淡水、基隆等地用溫度計進行氣溫測定，制定溫度氣象表，第二個月測試五十五次，第三個月測試六十二次，第四個月測試七十次，第五個月測試七十五次。

臺灣府及高雄的熱度會更高。

此行還需要（陸軍）士官三人。也需要海軍士官二人，其中一人指揮鐵甲艦，另一人負責運輸及其他事務。

臺灣平定以後，支那政府必定否認我方對臺灣的佔領，所以，除了上述的八千士兵之外，還要送四千士兵送到澎湖島（漁人島）。此兵可進至廈門，佔領此地，對清政府進行威逼，我預計可達成和平，並謀取到戰費。廈門離馬公（麻昆）港很近，用汽船十二小時即可到達。〔註21〕

李仙得在第二覺書中提出，最重要的是必須明確要求把臺灣島給予日本國。其理由是清政府的統治權力從來就沒有觸及臺灣島的東南部。並明確提出如果清政府不把臺灣島給予日本政府的話，日本可直接出兵佔領該島，對清政府進行威逼，預計可達成和平，並謀取到戰爭賠償。〔註22〕

李仙得的第 3 號備忘錄，是對征服臺灣後如何進行管理獻計獻策。他建議取得臺灣南部以後，先在海岸附近建設房屋，以利日軍駐屯。嗣後購買土地，與土番交往，建立友誼，並逐漸形成村落。學習早年的荷蘭人，用假名標注土番之詞，對婦人兒童進行教育。在南部社僚等地建設大本營，一方面安撫當地的客家人及已經順服的番人，另一方面對諸如牡丹社之流的「凶番」進行征討，然後從海路到卑南地方設立支營，最後全部佔領臺灣東南部「番地」。〔註23〕

李仙得在第 4 號備忘錄中，再次強調如欲在東方逞其威權，必須北占朝鮮，南據澎湖及臺灣。如果清政府對臺灣事件處理不當，日本必須儘快佔領臺灣與澎湖。他認爲，此次覲見中國皇帝之禮儀，很可能成爲中國和各國矛盾的開端，日本應當充分利用此次糾紛，派遣使節到北京，乘混亂之際，提出談判臺灣問題。這是千載難逢的好機會，日本應「盡以方略」，甚至出兵佔據臺澎，英俄等國也不會提出異議。同時，他還提出讓日本「領有」朝鮮，認爲日本近年來文明開化，航海之術、陸軍之制、鐵道電信逐漸發達，亞洲

〔註21〕（日）《李仙得覺書第二號臺灣全嶋ヲ逐條經理スルノ論》，JCAHR：A03030097400。

〔註22〕（日）《李仙得覺書第二號臺灣全嶋ヲ逐條經理スルノ論》，JCAHR：A03030097400。

〔註23〕（日）《李仙得覺書第三號野蠻ヲ教化シ各部落ヲ統治スルノ論》，JCAHR：A03030097500。

各國還不具備這些技術，因此合併朝鮮極爲容易，而且從防禦上講，朝鮮爲亞細亞北方第一要所，日本如果「領有」該半島，則可以控制黃海，進逼中國大陸。〔註24〕

在第 5 號備忘錄裏，李仙得就取得臺灣番地「無統治實效」的具體步驟進行了詳細說明。他教唆日本政府在與中國政府談判時，援引美國之印地安人、英國之格蘭特人爲例，來反駁中國政府對番地的主權論。他認爲最好的方法還是採用外交的手段來解決問題，如果談判不成，再考慮以武力佔領臺灣。他還建議日本應利用中日之間的友好關係，就琉球問題進行交涉，使中國自願把臺灣東部番地轉讓給日本來開發，同時也可以把西部的良港提供給日本。這樣日本就可以用欺騙手段達成最後的目的。

李仙得不僅給日本政府提供了大量的國際法知識及臺灣番地的情報，而且最重要的是在他的背後似乎有美國政府的影子，畢竟李仙得被日本政府聘用是由美國駐日公使通報給美國政府的。這一切都使得日本對謀取臺灣更有了信心，所以，副島種臣才敢在給大隈重信的信函中露骨地說：「如果要取得臺灣的一半，一動嘴就沒問題，但是如果要取得全島，則也許要動干戈，不過我有信心取得一半，那麼四五年之後也可以用嘴巴取得全島，主要不可失去現在的機會。」〔註25〕

在李仙得等人的教唆下，日本政府內部形成以外務卿副島種臣爲首的「征臺」派。他們企圖借助「漂流民」事件，達到「領有」琉球，佔領臺灣，控制中國海和日本海的進出口之目的，爲日本佔領更多的領土奠定基礎。

三、李仙得幫助副島種臣取得征臺「口實」

日本對臺灣的印象主要從歷史傳說中得來。諸如 1627～1628 年濱田彌兵衛俘虜荷蘭人的臺灣總督的故事，以 1644 年鄭成功爲「反清復明」而請求德川幕府派遣援兵的故事編成的《國姓爺合戰》的歌舞伎劇等，在日本民間廣爲流傳，結果在日本人的觀念中逐漸形成了臺灣不屬於中國領土，有日本血統的鄭成功佔領過臺灣等印象。因此，江戶時代記載臺灣事務的文獻，例如

〔註24〕 （日）《李仙得覺書第四號土蠻處分二付外國人思想並澎湖ヲ遠略スルノ論》，JCAHR：A03030097600。

〔註25〕 （日）日本史籍協會：《大久保利通文書》第 5 卷，東京，東京大學出版會 1968 年版，第 234～235 頁。

西川如見的《增補華夷通商考》，新井白石的《外國通信事略》，古屋野意春的《萬國一覽圖說》，箕作玉海的《坤輿圖識》等，都把臺灣和中國區分開來，將臺灣列爲中國的屬國。到了德川幕府末期，在列強的外壓下，日本產生了「開國進取」的思想，如本多得明、佐藤信淵、島津齊彬、吉田松陰、野本白岩、山田方谷等，都提倡進取朝鮮、滿洲及中國本土，「領有臺灣」的思想亦同時產生。〔註26〕但日本眞正想佔領臺灣是從「琉球處分」開始的。日本實行「琉球處分」，片面地將琉球劃歸日本版圖，並獲得了美國的承認〔註27〕，故在中日兩國談判交涉琉球歸屬問題上已經占了優勢。以「琉球處分」爲基礎，將領土延伸到臺灣，使臺灣成爲日本最南端的國境，是日本政府的一個目標。但日本政府如果無名而興兵佔領臺灣的話，必定會受其主權國中國的反對和列強的干涉。於是日本政府接受李仙得等人的建議，以交換條約，並祝賀同治皇帝親政爲名，派副島種臣等赴中國，意欲獲得「討伐生蕃」的口實。

副島本欲在 1872 年就出發赴中國，但爲了爭取到「臺灣處分」的全權而一再耽擱。副島原先獲得的「敕令」，是批准互換中日條約及覲見清帝呈交國書二件。但在李仙得的勸告下，他一直在等待著具有談判臺灣事件的全權敕旨，以求爲侵略臺灣作外交方面的佈置。1873 年 3 月 9 日，副島奉領到了《爲生蕃問罪委讓全權》的敕旨，及《爲生蕃問罪與中國交涉方法四條》的別敕。別敕 4 條爲：

第一、清政府如果視臺灣全島爲其屬地，可接受其談判，由其負責進行處置，應責成清政府爲遭殺害者申冤報仇。清政府必須給予罪人以相當之責罰，對於橫死者之遺族給以若干扶助金，並堅決保證今後不再有同樣之暴虐事件發生。

第二、如果清政府認爲政令所不及，不視爲其屬地，不接受上述談判條件時，則應任由朕來處置。

〔註26〕 松永正義：《臺灣領有論の系譜──1874 年の臺灣出兵を中心に》，臺灣現代史研究會編：《臺灣現代史研究》創刊號，東京，龍溪書舍 1978 年版，第 15～17 頁。

〔註27〕 1872 年 9 月 15 日，日本政府提出《對琉球藩王具體措施五條》，確立日本在琉球的主權後，駐日美國公使德朗於 9 月 18 日給日本外務省照會，說美國承認琉球爲日本的一部分。外務省調查部：《大日本外交文書》第 2 卷第 2 冊，東京：日本國際協會昭和 12 年版，第 854～865 頁。

第三、清政府如以臺灣全島為其屬地，卻事託左右，不接受談判，則辨明清政府已失政權，且責以「生番人」無道暴虐之罪；如不服所責，則如何處置，任憑朕之意見。

第四、上述談判，除以上三條以外，另生枝節，則須注意遵守公法，不失公權，而臨機處理。〔註28〕

從別敕內容看，副島此行就是藉與清政府交涉生番問罪一事，讓清政府明確表示臺灣之屬領，其目的是為出兵臺灣尋找口實。從《副島使清紀略》中也可窺見此點：「使外人之覬覦臺灣者，不敢妨我王事；使清人甘讓生蕃之地，開疆地，得民心，非臣恐無成；固親請赴清，藉口換約，以入北京，說倒各國公使，絕其媚疾，取之討論。謁帝之時，告以伐蕃之由，正其經界，開拓半島。」〔註29〕

3月21日，副島起程赴華，李仙得作為外交顧問隨行。他們於4月20日到達天津，與李鴻章會面，互換了條約，當時副島並沒有提及臺灣問題，只是說：「夫自主之國家應在其境內建立法制行使權力，即如諺語所言『天無二日，國無二主』。目前兩國雖有他國政令相容之條約，但實際上還要靠自主權力的行使，所以，希望兩國都能切實管轄好自己住地的人民。」〔註30〕李鴻章不知緣由，對此說法沒有提出異議。

由於副島對臺灣問題的策略，是想獲得「無主」的口實，為出兵尋找藉口，因此並不直接提及臺灣。李鴻章知道日本有意藉琉球難船事件「征討」臺灣，因為「江海關沈道前稟送新聞紙，有日本欲為琉球申理臺灣生番劫殺之說」〔註31〕，但一則「副島絕未論及」〔註32〕，二則琉球漂流民遇難事件早已由閩浙總督查辦過，所以沒有把這件事放在心上。另一方面，李鴻章認為此事與日本無大干系，「思臺灣生番殺害琉球難民一案，原與日本無干」〔註33〕，並且認為日本沒有能力挑起事端：「番人矯健強狠，山徑深險異常，英美

〔註28〕《副島外務卿へ生番問罪ノ為メ清國応接振四箇條別勅》，公文書館藏檔：A03031118600。
〔註29〕《単行書・副島使清紀略・全》，公文書館藏檔：A04017196800。
〔註30〕外務省調查部：《大日本外交文書》第6卷，東京：日本國際協會昭和14年版，第139頁。
〔註31〕《述副島商議外交》，《李文忠公全集》「譯署函稿」卷1，上海商務印書館1921年版，第46頁。
〔註32〕《述副島商議外交》，《李文忠公全集》「譯署函稿」卷1，第46頁。
〔註33〕《論日本與臺灣朝鮮秘魯交涉》，《李文忠公全集》「譯署函稿」卷1，第48頁。

船曾被侵害，屢發兵船往剿，失利皆無如何後，仍講和而止，日本力更不逮，斷無能爲。」〔註34〕不過，李鴻章從日本君臣已改用西洋冠服，其觀見禮節不用跪拜，推測副島等似乎另有隱衷，很可能是有意窺視朝鮮，因此，他在換約完畢之後的會談中警告副島說：「近鄰尤要和睦，朝鮮能拒西洋，國小而完，法美皆志不在此，貴國既與西洋通商，若有事於朝鮮人，將謂挾小欺大，殊非美名，況與中國約章不合。」〔註35〕

中日互換條約後，副島爲轉移視線，把外交重點放在了觀見同治皇帝的問題上。到達北京後，李仙得爲了提升副島在各國公使心目中的地位，每日訪問美、俄、法等國公使館，動以說詞，但沒有引起公使們的注意。於是，李仙得向副島進言，希望副島能援英國的例子，先微服非正式拜訪各國公使，這樣，各國公使就不得不正式答禮。副島接受李的建議，果然受到各國使臣的回訪。〔註36〕此後，副島就帶著外務少丞平井希昌每日與各國使臣往還，交換意見，這使副島與各國公使的關係得以疏通，並在謁見清帝的問題上，與列強達成一致意見。

5月25日，副島率領柳原前光、鄭永甯等到總理衙門，面晤文祥、沈桂芬等，以欽差大臣的身份，要求比照各國一、二等公使優先觀見皇帝，並堅持以三揖之禮觀見，拒絕跪拜。〔註37〕清政府沒有答應，而是讓副島以次班觀見。副島於6月17日再到總理衙門，要求以頭班觀見，仍不被接受。20日，副島通知總理衙門，他要中止觀見回國。〔註38〕21日，副島派柳原和鄭永甯到總理衙門，以口頭詢問的方式，謀求入侵臺灣的口實。

柳原在總理衙門有意特別先問澳門的歸屬問題：「現今葡萄牙國派官行政，獨自管理人民，如此該地是否爲彼國之屬地？」〔註39〕當時總理衙門大臣毛昶熙和董恂回答：「否，所謂久借而不還者，焉能爲彼之所有哉？」〔註

〔註34〕 《論日本與臺灣朝鮮祕魯交涉》，《李文忠公全集》「譯署函稿」卷1，第48～49頁。

〔註35〕 《述副島商議外交》，《李文忠公全集》「譯署函稿」卷1，第45頁。

〔註36〕 《單行書・副島使清紀略・全》，公文書館藏檔：A04017196800。

〔註37〕 《單行書・副島使清紀略・全》，公文書館藏檔：A04017196800。

〔註38〕 《單行書・副島使清紀略・全》，公文書館藏檔：A04017196800。

〔註39〕 《柳原鄭兩書記官清國總理衙門官員ト応接書》，公文書館藏檔：A03031119000。

〔註40〕 《柳原鄭兩書記官清國總理衙門官員ト応接書》，公文書館藏檔：A03031119000。

40〕接著柳原就朝鮮與臺灣番地能否施及實際政教的管轄權問題而發難。毛、董兩位大臣對國際公法一無所知,當然不能理解日人詢問的潛在含意。他們用以往答覆列強的方式說,朝鮮「雖稱屬國,至於內政教令,皆無關與」;對臺灣番地則答以「此島民有生熟兩種。熟番逐漸服從我王化,但生番我朝實莫可奈何。由於乃化外之野蠻,故極難治理。」〔註 41〕於是柳原說「既然是化外孤立的蕃夷,則歸我獨立國處置」〔註 42〕,暗中表示日本有意征討臺灣番地。日本有意先援引澳門為例,即表明如果日本學習葡萄牙人佔領中國的某一塊領土不還,那麼中國也將無可奈何,更何況只是在名分上的「藩屬國」朝鮮和「化外」之地的臺灣番地呢!日本政府謀取侵略臺灣口實之計,在此彰顯無遺。

　　這裏有一個問題非常值得思考,即副島為等待「交涉臺灣番地的全權」而一再推遲行程,但到達中國後,卻一直絕口不談臺灣問題,而把外交重點放在觀見班次及禮儀上,顯然是有意利用觀見一事,避免讓清政府對日本「征臺」所有警覺。征討番地這樣重大的外交事件,身為全權的副島不親自出面交涉,也不遞交照會,而是在因觀見矛盾激化回國之時,由其下屬大臣去「詢問」,明顯就是為出兵臺灣取得「口實」,而這些行動又都來自於李仙得的計策。《副島使清紀略》之附言毫不掩飾地說:「副島適清,換約名也,謁帝亦名也,惟伐蕃之策分。」〔註 43〕

　　21 日會談後,李鴻章的幕僚孫士達當晚即到鄭永寧處,探尋日方的真意,並表達了對日本興師的憂慮。但鄭的回答是:「即使副島大使觀見成功,日本也要興問罪之師。」〔註 44〕23 日,副島一方面令隨從收拾行李準備離京,以向中國表示回國的決心,另一方面又對前來挽留的孫士達表示:「伐蕃一事,即使達成觀見,日本仍不可廢止,貴道將此意轉告中堂。」〔註 45〕令人遺憾的是,儘管清政府已經知道日本想藉琉球漂民事件「征討」臺灣,但由於副島採取此種策略,使得中方大臣們認為,日本是不滿意觀見問題而故意發難,

〔註41〕《柳原鄭兩書記官清國總理衙門官員卜応接書》,公文書館藏檔:A03031119 000。
〔註42〕《柳原鄭兩書記官清國總理衙門官員卜応接書》,公文書館藏檔:A03031119 000。
〔註43〕《単行書‧副島使清紀略‧全》,公文書館藏檔:A04017196800。
〔註44〕外務省調查部:《大日本外交文書》第 6 卷,第 208～209 頁。
〔註45〕外務省調查部:《大日本外交文書》第 6 卷,第 180 頁。

他們天眞地認爲，只要讓日本如意覲見，則生番一事將不了了之。清政府馬上允許副島以頭班覲見了皇帝。在覲見完畢後的宴會上，中國官員還一再向副島表示兩國應以《中日修好條規》的精神來維護和平，希望以此打消日本「征討」臺灣的念頭。而副島在此後送回日本的報告中，卻說覲見和臺灣番地之事都處理得很成功。〔註46〕

小結

綜上所述，臺灣番地，早已錄屬於中國版圖，惟以生番習性不同，未可強制以法，故清朝在漢番之交地，設立土牛示禁，以防止漢番之間相互滋生事端。這本爲一種消極的治安措施，卻被不締民情的外國所誤解。特別是美國「羅妹號事件」後，美海軍逕至臺灣南端登陸，實施征討行動，使美國駐廈門公使李仙得等人，萌生出佔領臺灣番地的想法，但此觀點不爲美國國務院所接納，此後李仙得便對臺灣番地採用雙軌政策。在美國的支持下，日本政府順利雇用到李仙得。李仙得爲日本政府提供了大量的臺灣情報，這其中包括極爲詳細的攻取臺灣計劃書。李仙得的一系列建言及參與，對日本出兵臺灣起了很大的作用，被吉野作造稱爲「日本外交的恩人」。

〔註46〕外務省調查部：《大日本外交文書》第6卷，第160～161頁。

第七章　日本密謀強行出兵中國臺灣

　　1871 年 7 月，日本實施「廢藩置縣」，佔領著琉球北方五島的薩摩藩改爲鹿兒島縣，琉球的歸屬問題，成爲明治新政府必須解決的問題。正當日本無計可施之時，發生了「山原號難船」事件，薩摩藩士建議出兵征討臺灣番地，兼以明確琉球的歸屬問題。在李仙得的指導下，日本以換約並賀同治帝親政爲名，派副島種臣等赴中國，以求「討伐生番」之口實。清官員不知日本此行之眞意，對臺灣番地答以生番「乃化外之野蠻」〔註1〕。日本將之纂改爲「化外之地」，爲出兵臺灣找到藉口。此後日本加緊征臺之準備，但由於事情泄露，諸外國均反對日本出兵。

一、「臺灣蕃地處分要略」的提出

　　1873 年 7 月 26 日，副島種臣自清返回日本後，加緊鼓吹征臺事宜，但當時征臺論沒有在政府內部形成共識，因留守閣員皆爲「征韓派」。而此時又恰逢赴美歐考察二年之久的岩倉考察團返回日本，政府內部也出現了「內治」與「外征」路線鬥爭，即所謂的「大陸派」（征韓論）與「內治派」的論爭。

　　大陸派的代表人物，主要是留守的主張征韓的西鄉隆盛、副島種臣、板垣退助、江藤新平、後藤象二郎及桐野利秋等人。而內治派爲北門經營論（樺太問題解決論）的黑田清隆、榎本武揚，南門經營論的大久保利通、大隈重信、岩倉具視，純正的內治派木戶孝允及井上馨等。〔註2〕

〔註 1〕　（日）《柳原鄭兩書記官清國總理衙門官員卜応接書》，JCAHR：
　　　　　A03031119000。
〔註 2〕　（日）清沢列：《外政家としての大久保利通》，東京：中央公論社，昭和十
　　　　　七年，第 49 頁。

征韓論也可說是一種武斷的外交論，因此從某種意義上講，征韓派就是所謂的對俄強硬派。而內治派中的北門經營論，也主張在樺太問題上有所作為。這些人物中，岩倉具視地位最高，故雖基本不表明自己的立場，但他明確表示反對征韓，不反對征臺。而握有重權的大久保利通，是現實主義者，他也反對征韓，認為此時日本染指大陸，將陷入長期戰爭，這必然使俄羅斯坐收漁人之利。

另外，在明治初年，由藩閥轉變而來的明治重臣，其對外意見，亦難於跳開各自所屬藩屬的利益。故「內治」與「外征」的路線鬥爭，也關係到長州藩閥與薩摩藩閥大久保利通、大隈重信、西鄉隆盛等人的權力之爭。長州由於對馬島的淵源，與朝鮮有很深的關係，故對朝鮮問題非常關心。而薩摩由於貿易的關係，與琉球相近，故對南方的諸問題感興趣。而大久保、西鄉、大隈、黑田等人，均出自薩摩藩。

另外，「廢藩置縣」使一些士族武士失去了世襲的俸祿，而全民征兵令的實施，又能使他們喪失了當兵打仗的特權。西鄉隆盛對士族抱以深刻的同情，提倡征朝鮮，意圖用對外戰爭解決內政壓力。

1873 年，正院閣議針對征韓論進行辯論，結果演變成為政爭，史稱「明治六年政變」。最後天皇支持內治派，西鄉隆盛、江藤新平等大陸派悉數辭職下野。這也導致 1874 年 2 月 1 日～3 月 1 日的「佐賀之亂」〔註3〕。

長州征韓派江藤新平等不滿征韓派被大久保利通等內治派壓制，起兵造反，期望西鄉在鹿兒島舉兵，板垣在高知舉兵，九州、四國的士族群起呼應，雖然叛亂最後被壓制下去，但軍隊內部不滿情緒社十分高漲。面臨的內亂，使大久保通等人，開始考慮以「征臺」之役，解決琉球的歸屬，並轉移國內的不滿情緒。

日本出兵臺灣的主要原因，究竟是為解決琉球的歸屬，還是為了轉移國內的不滿情緒，筆者認為應為解決琉球歸屬為主。

首先，1609 年薩摩藩大將樺山久高入侵琉球後，薩摩藩便佔據了琉球北

〔註3〕 1874 年 2 月 1 日，以曾任參議的江藤新平為首領的舊佐賀藩士二千數百名在佐賀揭起了反對新政府的旗幟，其出師的主要名義是指責對朝鮮的軟弱外交，打倒現政府，恢復舊的朝議制度，大大地發揚皇威。2 月 4 日，太政官命令陸軍省出動附近鎮臺。反政府軍 16 日燒掠了佐賀縣廳。大阪、廣島、熊本各鎮臺的軍隊，擊敗反政府軍，28 日奪取了反叛分子的根據地佐賀城。對於抓獲的殘餘分子，大久保迅速將其所有干部處於極刑。史稱佐賀之亂。
http://baike.baidu.com/view/1123312.htm。

方的五個島嶼，並控制琉球的對外貿易，以琉球的統治者自居。「廢藩置縣」
後，琉球的歸屬問題隨薩摩藩變爲沖繩縣而浮上臺面，本身出生薩摩藩的大
久保利通，出於維護薩摩藩的利益，當然希望琉球的歸屬問題早日解決。

其次，大久保爲平定「佐賀之亂」之亂的領導者，儘管在短期內順利地
鎮壓了叛軍，但安撫士族需要一個過程，而此次反抗意識最強的薩摩士族，
由於西鄉隆盛的原因，並沒有跟起，大久保利通不得不考慮，怎麼安撫薩摩
藩士的不滿情緒，而琉球歸屬問題，是由薩摩藩提出的，故以出兵臺灣來明
確琉球之歸屬，必定得到支持。

筆者的推斷在清沢洌的《外政家大久保利通》中，被明確證明，該書明
確說明出兵臺灣的目的是爲「解決琉球歸屬的必要」〔註4〕。

而此時，赴臺偵察的樺山資紀，也派兒玉利國及成富清風等回國，向大
久保報告了偵察臺灣的情況。兒玉利國還向海軍大臣勝安房提出「征臺建議
書」，詳細地介紹了臺灣番地的情況。另外，在 1873 年以假畫家身份遊歷臺
灣的福島九成，也提出了「臺灣偵察報告書」，認爲日本可輕而易舉地征臺，
並取得臺灣這塊土地。

出於以上種種原因，本不占主流意見的「征臺論」，因琉球歸屬的迫切性，
開始被大久保等人重視起來。

1874 年 1 月 18 日，日本召開內閣會議討論征臺問題，正式確定征討臺灣
番地。26 日，大久保利通和大隈重信被任命爲臺灣朝鮮問題調查委員。30 日
上午，大久保與兒玉利國會談，估計「征臺」的費用；下午與李仙得、大隈、
柳原前光、鄭永寧等召開會議，聽取李仙得的意見。2 月 2 日再次與李仙得等
會談。〔註5〕

而此時又發生了「佐賀之亂」，爲轉移國內矛盾，日本政府加緊了各項征
臺準備。2 月 6 日，大久保利通、大隈重信於內閣會議上提出了「臺灣蕃地處
分要略」，其內容如下：

第 1 條　臺灣蕃地，爲清國政府政權所不逮之地，其證據在於
從來清國刊行之書籍，特別是去年前參議副島種臣使清之際，清朝
官員之回答，可以判其爲無主之地。就我藩屬琉球人民之殺害而報
復，實爲日本帝國政府之義務，討蕃之公理，茲亦得大顯。然而這

〔註 4〕　（日）清沢洌：《外政家としての大久保利通》，第 52 頁。
〔註 5〕　（日）《大久保利通日記》下卷，東京：北泉社，1997 年，第 234～236 頁。

—99—

一行動，實際以討蕃撫民爲主，因此只可以讓清國生來一些議論而已。

第 2 條　應派出公使使京，備公使館，辦理交際事宜。清朝官員若問琉球之屬，即照去年出使之口實，言琉球古來爲我國之所屬，並明示現今沐我皇恩之實際。

第 3 條　清朝官員若以琉球遣使獻貢之故，發兩屬之語，我方可不顧爲佳，蓋控制琉球之實權已在我帝國，且欲止其遣使獻貢之非禮，須等臺灣處分之後，爲此目的則不可空口與清政府辯論。

第 4 條　清政府如對臺灣處分提出異議，則我方確守去年之議，堅持以蕃地政權不逮版圖爲證據。若以土地相連之故而生議論，則以和言辯之。其事件如涉至難，可將此質詢本邦政府，惟推託而延時日，既能成事而又不失和，此爲謀交之術也。

第 5 條　蕃人之地雖看作爲無主之地，但與清國版圖犬牙交錯，必因鄰境關係而產生矛盾，所以應在福建省所屬臺灣廈門港，設置領事一人，兼轄淡水事務，當征蕃之時，可辦理有關船隻往來諸事。另外，亦可擔當臺灣處分之際與清國地方官之接洽，以保護和好爲長策，也可任命視察清國之某人爲領事。

第 6 條　領事不參與蕃地之征撫，這樣關係明確，維持和好也。如果事情至重，可將其轉爲北京在勤公使。

第 7 條　福州雖爲福建省之一大港口，臺灣征討之便路，應以臺灣及淡水爲要地，且福州有琉球館，應暫時放棄，以避嫌疑。

第 8 條　應先派 6 人到臺灣，進入熟蕃，偵察地勢，且懷柔綏撫當地土人，他日征討生蕃時，可方便諸事。

第 9 條　偵察之要地，要注意熟蕃之地琅嶠社僚之港口，爲預定士兵登陸，偵察地勢及其他停泊登陸之便利等諸事。〔註6〕

從以上「要略」內容分析來看，日本出兵臺灣的藉口，是因爲臺灣番地爲「無主之地」。而「無主之地」成立的理由有兩個，一個是清書籍上沒有刊

〔註 6〕　（日）《大久保大隈兩參議蕃地處分要略九ヶ條上申》，JCAHR：A03030099 800。

行過，另一個最重要原因爲清政府官員之回答。而清官員的回答，在日本資料中白紙黑字在寫著「化外之野蠻」〔註7〕。日本將屬人性的說辭，篡改爲屬地性質的「化外之地」，顯然就是爲出兵的尋找藉口。

另外「要略」還聲言，琉球古來爲日本所屬，此次征臺灣番地，實爲日本帝國政府之義務。這道出兵征討臺灣的實質，是借助出兵事宜，割斷與中國的所屬關係，向全世界表明琉球爲日本所屬，同時，並佔領臺灣番地，與清政府分線而治，最後佔領整個臺灣。

同時，海軍省的兒玉利國提出了「蕃地事宜建言」〔註8〕，提出開拓、建築、完備等諸方面所需要之費用，內閣會議就出兵等進行議論，最後決定征臺。3月9日樺山資紀等被派往臺灣，作爲先行的偵察與接應者。

二、李仙得助力下的「討伐生蕃之作戰計劃」的出臺

在日本政府準備出兵之際，李仙得更加活躍。他於3月13日向大隈重信提出第22號「覺書」──《論生蕃略有後設置統轄官、制定其權限並施行之政令》〔註9〕，他強調日本「征臺」的眞正目的雖然在於殖民，但表面上必須以「問罪」和防止「生蕃殺人」爲藉口：「目前所計劃之編成遠征人數之最上策，本人陳述意見以前，先表明日本政府應著眼於在臺灣島土人中，欲悅服於我者應加以馴服，反抗者應加以壓制，最後促使全部土人開化，並於鎭定後使該等土人有益於自身及日本。且到達彼地時，應非常謹愼注意勿使清人或其他外國人生起猜妒之心，暗地裏妨礙我所爲。且遠征之眞正目的雖然在於日本兼併土著所轄之臺灣一部分，但表面上應著眼於僅僅問罪牡丹社人，並防止其將來再造惡業而已。」〔註10〕

爲了達成佔領整個臺灣之目的，李仙得提出必須將以下事情做爲必要條件：

〔註7〕 （日）《柳原鄭兩書記官清國總理衙門官員卜応接書》，JCAHR：A03031119000。

〔註8〕 （日）《海軍省八等出仕兒玉利國蕃地事宜建言並開拓建築守兵等諸費積書》，JCAHR：A03030099900。

〔註9〕 （日）《李仙得ヨリ大隈參議二呈スル第二十二號覺書》，JCAHR：A03031119400。

〔註10〕 （日）《李仙得ヨリ大隈參議二呈スル第二十二號覺書》，JCAHR：A03031119400。

第一、應請清人封鎖（blockade）之停泊場。而該停泊場位於牡丹領地之西北部，爲清國管轄地内。

第二、日本可對牡丹正西方之加洛堂至社寮間，長約六十公里之地内，可停泊小船之四處港口，各派三十人之小隊加以封鎖，並佔據之。其港口位於清領地之外邊。

第三、與豬勝束社酋長統治之土人與東海岸之卑南人種進行談判，當我征服牡丹社時，使其協助我方，提供向導及援兵。

第四、或以兵力，或與土人談判後，應佔據現尚未經他國人管轄的北緯二十四度三十三分之東海岸岬角附近，並設武裝殖民地。

完成上述事情後，征服牡丹社人或其後，日本政府再平定臺灣島，此乃身爲一開化國應佔據其島之必要。目前並無其他國佔領，幸好日本軍駐紮於其地，故公告將留軍隊於此地。且爲裨益於全世界，而應公告由日本帝國兼併臺灣島土人之領有地。〔註11〕

李仙得不但爲日本出兵提供了具體的操作，而且還就雇用外國人，批評了封閉的日本政府：「原本皇帝政府極不願頒給外國人（以日本國民）等級待遇，此爲我所熟知之事。根據我曾使人翻譯之神道一書而明白其道理。其書中曰：『且我國自古向萬國採用各種事物，此事猶如居於高位之貴人自身並不營作一切事物，唯命令臣下庶民製作後採用一般，又如運作視聽言動等機能之耳目口鼻等器官生在一頭上，爲下方胸腹四肢之根本一般。此爲我邦國體雄冠於萬國之緣故。』然而此說可謂是固陋陳腐之說。若採用外國人作爲臣隸，且使其認爲極下等卑賤地位之方法來進行時，則外國人將斷然不肯擔其職務。若當成日本人之友，並與日本人同等而任用時，則即使是有氣骨之外國人亦絕不會拒絕就任。」〔註12〕

李仙得還就華生、克沙勒（Douglas Cassel）及曼遜（Dr .Patrick Manson）的雇用進行了建言。並提出具體的出兵時間：「待準備工作完善時，就應出兵。而若欲於本年內將事情辦妥至某種程度時，最遲也應在三月底前出兵。否則至十一月，氣候將變得寒冷，且在臺灣海面東北季風吹來以前，將無法成就

〔註11〕 （日）《李仙得ヨリ大隈參議二呈スル第二十二號覺書》，JCAHR：A03031119400。

〔註12〕 （日）《李仙得ヨリ大隈參議二呈スル第二十二號覺書》，JCAHR：A03031119400。

這項偉大事業。……若能於本月底出發，以我想來在五月底前遠征之分隊將可紮營於社寮，且可於東海岸佔據三處地方。若不得已至十一月討伐牡丹社人，不久將由日本兼併臺灣島土著之所有領地。」〔註13〕

3 月 15 日，李仙得發電報與美國政府交涉日本雇用美海軍少校克沙勒（Douglas Cassel）一事，獲得美國政府的同意。明治政府也接受李仙得的建議，以每月五百美元雇用了美國人克沙勒和華生。〔註14〕

3 月 20 日，他受西鄉的委託，交涉雇用在廈門洋行的醫師曼遜（Dr.Patrick Manson）爲翻譯。他以日本政府代理人的身份，與美國商人磋商購買武器彈藥合同，還打電報到廈門，斡旋雇用美國船隻「紐約」號及在廈門購買軍糧等事宜。〔註15〕另外，他還向日本政府提供了 1872 年 3 月美國海軍繪製的「社寮」附近港灣地圖，以及航海和氣象方面的情報。〔註16〕

31 日，他向西鄉從道提出第 23 號「覺書」——《論各艦發航順序及李氏以下外國人着手方法》，詳細說明出兵計劃，並建議日本政府儘快讓克沙勒去廈門，接曼遜醫生前往社寮，雇用漢語翻譯官，裝載煤和其他在日本不易得到的物品，做好一切準備工作。他本人與總督將搭乘「紐約」號赴臺，親自與土人交涉，並提出安營紮寨之地，及如何恫嚇臺灣人民之策。其內容如下：

　　第一，應盡速將克沙勒少校要搭乘之一艘船送至廈門，接曼遜醫生前往射僚，雇用清國人通譯官，裝載煤炭及其他在日本不能得到之物品，作好一切準備工作。（克沙勒少校之忠告書上記載：該船應爲コルロタ號。由於コルロタ號僅次於タホル號，最適合在東海岸執行所定計劃之故。且有必要雇用布朗氏或其他技巧熟練者，使其只暫時於其船內工作。此事我曾於與李仙得將軍談話時陳述過。）該船搭載曼遜醫生前往射僚，並公告謂，日本派大軍前來，把所有土人及混血種族殺光，以作爲曾於二年前殺害日本人民之處罰。且爲使紐約號及其它運輸船所載軍隊登陸而進行準備，上述軍隊之紮營處可選擇射僚附近。（克沙勒少校之忠告書上記載：必須建造三百

〔註13〕　（日）《李仙得ヨリ大隈參議二呈スル第二十二號覺書》，JCAHR：A03031119
　　　　400。
〔註14〕　（日）《米人トクトルマンソン備入ノ儀》，JCAHR：A03030100200；《米人
　　　　ワッソン陸軍省ヘ雇入並給料下渡ノ儀》，JCAHR：A03030100400。
〔註15〕　（日）《李氏書翰》，JCAHR：A03030069300。
〔註16〕　藤井志津枝：《近代中日關係史源起》，第 102～103 頁。

人之堡壘及準備器具，此當然是不可忘記之事。這些器具可由先出發之コルロタ號載運過去，且該船載運為建造人員及軍需品、登陸地點防禦用簡單沙袋至少五千個。）且由於上述公告將使臺灣人民恐懼，以及若依照上述公告而實際執行時將會為人民帶來災禍，對於這兩件，曼遜醫生就在人民面前表現出深感同情之態度。並應向上述人民表示，我將搭乘裝載軍隊之最初運輸船到來之事，已以書面寄送給我。

第二，四月十八日紐約號裝載二千五百名士兵，此外，運輸船裝載其餘人員及大炮彈藥等軍需品，熊本出發。我將與總督及其附屬軍官一同搭乘紐約號，如此則於四月二十八日大軍達社射僚時，由總督下令命建設軍營，並應於社僚、車城等地的山谷等處建造堡壘，以防禦土人突襲。

第三，我抵達社僚後，將告訴混血人種說將有二萬五千名士兵從日本開來，且若上述混血人種協助已上陸之軍隊討伐牡丹社人時，則日本士兵將不會再上陸。而上述混血人種及統治豬勝束社人之土人將可成為日本之協力者。當我進行這些事時，克沙勒少校將與曼遜醫生一同前往卑南，對當地土人實施我所作之同樣策略，且可於卑南設置軍事殖民地。所有該氏於東海岸之舉動，應視與我談判之人民是否達成我計劃之情況而定。

此外，將砲艦一艘送往ポンリ──，應由該船指揮官接待清國官吏，並請該清官轉告當地人民勿協助牡丹社人。且各炮艦依照第二十二號備忘錄第二項所記，應占據車城至社僚間小船停泊處。（克沙勒少校忠告書謂：為進行上述工作，應使用中等大船一艘或二艘為佳。）

第四，達成上述各事務後，則依照第二十二號備忘錄第四項所記，由克沙勒少校指揮於東海岸設殖民地一處或數處，且於其殖民地所在處觀察貿易上之可能發展，則可洞察臺灣島之財源如何。

第五，在日本先設大本營，上述遠征人數因疾病死去等原因而減少時，則可送出援兵以補缺。若社僚人民及豬勞束社領地之人民不協助日本時，則先前估計一千八百人之人數不足，必須要三千人。

第六，且必須準備妥快船及電信線等與日本通信之設備。此外，
日本領事官若不停留於臺灣、廈門、福州時，就必須拜託邦交國領
事處理日本之事務。如此當必須與清國地方官吏應對時，將可獲得
極大便利。

第七，至於執行此計劃時應如何決定所需用之船隻種類及其他
有關船隻之各種事務，則請參考此備忘錄中所記之克沙勒少校之忠
告書，以及我所提出之備忘錄第十五號爲禱。〔註17〕

4月3日，大隈重信上奏明治天皇征臺。4日便設立了臺灣蕃地事務局，
陸軍少將西鄉從道升爲中將，並出任蕃地事務都督。〔註18〕大隈重信出任臺
灣蕃地事務局長官。陸軍少將谷干城、海軍少將赤松則良爲參軍。〔註19〕

5日，太政大臣三條實美向西鄉頒佈三條敕旨，授全權以討伐臺灣番地：
「一、問殘殺我國人之罪，並應施以相當處分；二、彼若不服其罪，並應施
以相當之處分；三、應訂定有效防制之法，致使爾後我國人至彼地時，不再
遭受土人殘害。」〔註20〕

從此條敕旨內容來看，日本已經將琉球作爲本國的領土，將琉球漂流民
做爲日本人。顯然這是接受了李仙得等人的建議，並事實上開始代表「琉球
國」處理外交事務。但這種做法，是「琉球國」政府未知，更沒有授權下的
一種非法行爲。

同日，太政大臣三條實美又頒佈了「給西鄉都督的十項特諭」，其內容如
下：

一、第一著重點應在對服從之土人，要盡量以恩惠懷柔綏撫之，
但若有抵抗不服者，則可以兵威壓制之。

二、平定後要逐步誘導土人，使其走向開化，最終的目的應在
於使土人與日本政府間興起有益事業。此情形時，應詳細上奏與清
國政府之關係及後來之利害等事宜，並請求指示。

〔註17〕　（日）《李仙得ヨリ西鄉大輔二呈スル第二十三號覺書》，JCAHR：A03031119
700。

〔註18〕　（日）《西鄉陸軍大輔へ中將昇任宣旨並事務都督達》，JCAHR：A03031120
000。

〔註19〕　（日）《大隈參議へ事務局長官穀陸軍少將赤松海軍少將へ事務參軍達》，
JCAHR，A03031120100。

〔註20〕　（日）《西鄉都督へ勅旨三條》，JCAHR，A03031120300。

三、於彼地開始進行時，應注意勿引起清國人及其他外國人猜忌之念，而妨害我之所爲。

四、若清國政府提起異議時，應不予處理，並答謂：此事應與我駐北京公使商議。

五、著手之際，可權宜雇用清國人及其他外國人。

六、應注意於一行官員中勿使滋生絲毫不和事情，每事必協同商量。

七、若讓李仙得輔佐時，則應諮議其想法，並由其懷服土人，並令其執掌應對清國地方官及其他各國領事事宜。

八、應注意辨明蕃地與清國管轄地犬牙交錯之界線，勿使彼生我方侵略之嫌疑。

九、於此地另設事務局，命令布告等皆由此通知，故凡一切申請報告等專皆應經由本局上奏。

十、應注意各種費用務必從簡節約，勿有濫冗之弊。

除上述條款以外，小事則自己決行，大事則應上奏請命。〔註21〕

從十條特諭內容分析可以透露出幾點信息，首先是三條實美得到征討命令的信息或許只是臺灣番地部分，不是臺灣全境，故有「應注意辨明蕃地與清國管轄地犬牙交錯之界線，勿使彼生我方侵略之嫌疑。」之語。第二，「應與我駐北京公使商議」的說法，明令出征軍沒有與清政府或臺灣地方交涉之權，這就將「軍事侵略」事件，改變爲「單純」的外交事務。第三、反映出李仙得在臺灣出兵中的重要作用。

4月8日，三條實美又給駐清公使柳原前光頒佈了內敕，就出兵事宜進行內命：

一、明治四年十一月我琉球人民漂流至臺灣蕃地，遭土人劫殺者有五十四名。又六年三月，我小田縣下備中淺江郡居民佐藤利八等四名漂流至岸，亦被當地土人掠奪衣類財物，其一再施暴情況具實如是。其土人分占蕃域，負隅逞暴已久，然而清國政權不逮，任其化外放肆，此事由前些年美國政府所爲便可知曉。去年派遣全權大使副島種臣使清換約之際，曾提及此事。根據清國大臣之答覆，

〔註21〕 （日）《西鄉都督へ特諭十款》，JCAHR：A03031120400。

其此情形是證據確實的。若棄之不問，將後患無窮。現施行膺逞之意，在於教化野蠻而安良民，非故意開釁隙於鄰國。爾等作爲公使駐清之際，若論及此事，宜以此意回答。

二、如上所語，清國政權未逮蕃地，且蕃人對我國人民施暴，故現我務必行安民之義，豈管他國是否有異議？但蕃地與清國府縣之地接壤，恐生矛盾。雖然尋常事務歸於我方派遣之理事官負責，但若事涉重大，則依據公使之職，予以關切辯論，始終保護兩國之和好友誼。

三、琉球藩自古爲我所控御，既已受冊封，而服政化。至於向清國朝貢以求經營貿易一事，尚未脫離舊有窠臼。若提及前事而有疑義時，須辨明該藩從前歸服於我之證例，故不可滋生事情涉及屬於何國之枝節小題。〔註22〕

同時，三條實美還任命李仙得爲蕃地事務局準二等出仕，赴臺灣蕃地擔任輔導都督之職、福島九成少校爲首任駐廈門領事。〔註23〕

4月10日，天皇親自召見李仙得、克沙勒等外國雇傭兵，特別賜給李仙得一把武士刀。

西鄉從道向日本郵政蒸汽船公司租用了明光丸、有功丸、妊婦丸、成妙丸四艘汽船。〔註24〕隨後又雇用了美國郵政公司的「紐約號」。〔註25〕另外還租用明光丸等兩船以運輸煤炭。〔註26〕

日本陸軍省在三月末，也制定出非常詳盡征討計劃，分爲「討伐生蕃的步驟」及「討伐生蕃的作戰計劃」。〔註27〕「討伐生蕃的步驟」具體內容如下：

一、已經快速下達出兵命令；

二、將在東京準備好的諸件，分給各官員，以便其瞭解具體情況；

〔註22〕 （日）《柳原公使ヘ內敕三條》，JCAHR：A03031120700。
〔註23〕 （日）《外務省ヨリ李仙得職務條約等ノ儀往復》，JCAHR：A03030100700。
〔註24〕 （日）《駅遞僚ヘ明光丸外三艦西海運航ノ達並郵船會社各船入費積書》，JCAHR：A03030100800。
〔註25〕 （日）《汽船紐育號備入條約ノ儀》，JCAHR：A03030101100。
〔註26〕 （日）《明光丸外二艦西海運航申付二付石炭積入ノ儀工部省併小野組郵船會社ヘ往復書》，JCAHR：A03030101300。
〔註27〕 （日）《主蕃進討二付處分ノ條件》，JCAHR：A03030101200。

三、海陸軍出兵者一律加俸，將官以下，曹長以上將加常俸的五分之三，以下的將加常俸的四分之三；

四、大本營諸官在各自地方，徵募殖民兵至長崎熊本鎮臺下；

五、分任各事務的諸官，整備完畢後快速至長崎會合；

六、長崎會合後，將共同出兵臺灣，計劃在車僚港上陸；

七、軍隊上陸後，馬上尋找合適地點，建立大本營根據地；

八、召募當地清人懂蕃語人數十名；

九、遣使至臺灣府，告之征蕃事由，請求其斷絕與生蕃的來往及物品的交換；

十、在車僚南北一線的幾個熟蕃聚居地，派殖民兵一隊或半隊將其佔據，禁止其與生蕃進行往來交易；

十一、派殖民兵半隊，佔據生蕃東北岸的土蕃卑南；

十二、分派各地的殖民兵，不論官級與年紀，要多考慮當地土人利益，以求得和諧；

十三、上記各項確立後，生蕃將成爲孤立之勢，再進兵對生蕃進行征討問罪，如不快速服罪，就將之全部誅滅，不留遺類。〔註28〕

日本政府此時已經秘密做好出兵侵略臺灣的各種準備，西鄉從道擔心夜長夢多，於4月9日，率領日進號、孟春號等軍艦，由品川港開往長崎港。

三、英國爲首的諸外國干涉反對日本出兵臺灣

隨著日本「征臺」秘密準備工作的不斷擴大，外界也開始確切地知道日本政府並未放棄征臺計劃，這引起了各國駐日使節的高度關注。4月9日，英國公使巴夏禮（Harry S. Parkes）向外務大臣寺島宗則查問此事。〔註29〕

巴夏禮公使詢問日本出兵臺灣一事，是否徵得中國的同意。他還對此事可能給英國與臺灣貿易造成的影響等表示了強烈擔憂：「世間風傳貴國有大批軍隊及兵糧已運往臺灣，並於於各開放港口租賃各國船艦，我方代貴國政府

〔註28〕 （日）《主蕃進討二付處分ノ條件》，JCAHR：A03030101200。
〔註29〕 （日）《英公使ヨリ寺島外務卿ヘ兵隊臺灣ヘ出發云々來束》，JCAHR：A03031121000。外務省調查部：《大日本外交文書》第6卷，第23～24頁。

向外國船艦中介人打聽，他們亦似乎不知貴國政府欲將上述軍隊、軍糧運往臺灣何處港口。上記這樣的租船事實，明顯是有重大的事項，且發生在臺灣的各開入港口。在臺灣各港口我國人民擁有不少貨物及相關利益，故詢問閣下貴國政府派兵前往該島究竟是爲何緣故？已運送軍隊及外國船舶之名稱爲何？將達到港口或地點爲何地？此事爲必須馬上注意之事項，請於明天下午會見時，以書面詳細答覆爲禱。」〔註30〕

寺島不得不特意給公使回信，並與公使會晤，就出兵臺灣問題進行公式化的說明，就美國顧問李仙得的作用及雇用英美兩艘船舶運送軍隊及兵糧物資的必要性進行通告：「我政府派遣官員等赴臺灣地方，乃因我明治四年十一月及六年三月我國民漂流至臺灣蕃地時，遭到劫殺，或被掠奪衣服財物，蒙受極苛酷之對待。此土蕃爲清國政權所不逮之地，故仿傚美國政府遣使處理之例，我政府也派出官員做出懲罰之行爲，以制止此惡行，以保證今後我國民航海之安全。在行使上述處分時，爲預防土蕃番人之暴行，故而送出警察士兵等人，且爲運輸事宜而租賃外國船艦，它們駛向臺灣蕃地社僚港。」〔註31〕

11日，俄羅斯公使也向日本政府明確提出照會，提出「今後至再公告前，禁止自身或俄國船隻爲日本政府從事以出兵臺灣爲目的的工作。」〔註

〔註30〕（日）《英公使ヨリ寺島外務卿ヘ兵隊臺灣ヘ出發云々來柬》，JCAHR：A03031121000。

〔註31〕（日）《寺島外務卿ヨリ英公使ヘ我官員等臺灣社僚ヘ發遣云々復柬》，JCAHR：A03031121100。

〔註32〕（日）《魯公使ヨリ同國人民ヘ臺灣一件ニ付布告書》，JCAHR：A0303112 1200。

32）西班牙等國公使也向日本政府就出兵臺灣一事進行詢問。〔註33〕

13 日，英國公使再次向日本政府發函就出兵臺灣之目的進行質問，明確表示如果日本與中國發生軍事衝突，英國將嚴守中立：「已經瞭解到此次貴政府出兵臺灣，乃傚仿美國政府之先例，以貴國並無管轄權之該島上的土蕃對貴國人民施以苛酷之事由，來懲處土蕃的想法及原因。但就我本人所知，尚未有其它與清國訂定條約之諸外國，派出與貴政府此次這樣數量的軍隊出兵到臺灣，本人不知貴國與清國之間具體交涉事宜，也不知道清國政府對於如此軍隊究竟作何對策。因此貴國政府若雇用我國船舶或人民前往臺灣時，我雖不認為貴政府會與清國政府敵對，且清國政府未做任何表示之前，我國人民參與此次行動，由貴政府承當對清國之責任，此事請閣下明確告知我。不過貴政府在此事上，若已如實通告清國政府則無妨，但若清國政府欲對抗前述軍隊時，就不得不盡速召回參與此次行動之我國人民。敬請閣下瞭解為禱。」〔註34〕

次日寺島回信辯解說：「雖然沒有通報清國政府，但去年清政府對我公使明確回答蕃地乃政令教化不逮之地。」〔註35〕

英國公使巴夏禮又於 16 日第三次向日本外務卿寺島宗則提出照會，對日

〔註33〕 （日）《同上（上野外務少輔伊公使臺灣事件応接書）西班牙公使臺灣事件応接書二通》，JCAHR：A03030113400。

〔註34〕 （日）《英公使ヨリ寺島外務卿ヘ局外中立ノ趣意來束》，JCAHR：A03031121400。

〔註35〕 （日）《寺島外務卿ヨリ英公使ヘ我官員等臺灣社僚ヘ發遣云々復束》，JCAHR：A03031121100；多田好問，《岩倉公實記》（下），東京，原書房 1968年復刻版，第 137～139 頁。

本政府所提出的臺灣番地「不逮」之說進行了反駁，「該地方是否是在清國政府管轄之外，我本人並不十分瞭解。但我本人曾在清國逗留二十多年，一直認為臺灣全島都為清國政府所有，而實在難以理解貴國政府以何理由確定其非清國政府所有？故貴國政府又以何種理由認為此次出兵之地在清國政府的管轄之外？」〔註36〕並警告日本不得出兵，以促使日本正視諸外國的干涉。

17 日，巴夏禮又透過橫濱英國使館的報紙《每日前鋒報》以「日本出兵臺灣」公開要求日本政府就出兵臺灣之目的進行說明，並對美國駐日公使支持出兵臺灣提出了明確的批評：

> 我輩前先報導日本征伐臺灣一事以來，再未獲得更為詳細的消息。由於其處置方式異常曖昧，除了說明將派船隊赴臺灣以外，日本政府沒有陳述一件可以令人相信之事，故認為日本政府有必要將出兵臺灣之目的明確告知世人。

> 臺灣即福爾摩沙，是在中華帝國之境界內，此為無庸議論之事實。若派兵登陸和親國之土地，預先兩國之間要訂有約定而表示互相同意，否則，則為侵犯他國之領土。吾輩也聽說臺灣番民有這樣罪行，而若日本人將此事訴諸清政府時，清政府的答覆不對臺灣番民的所為負責，則允許日本人隨意求償，若未能獲得賠償，則同意可以對其進行懲罰。但日本政府沒有及時公告此事，且於數次接待外國公使時，亦不明確告知此事。在此事尚未明之前，為避免日後的困擾，堅守局外中立為外國公使之職務。由於出兵他國領土將成為戰爭之起源，故除非有政府之公告，其處置才不被視為含有敵意之行為，然而東京政府之日志、北京政府之日志，都沒有進行例行通告。

> 清國政府對偏遠領地的管轄並不嚴屬，以致無法充分行使其威權，導致當地民政府難以確立對其領地的主宰。且俄羅斯逐漸蠶食其北境，他們無法進行抗拒，此為吾人所知之事。然而，日本與俄國相比較，其大小強弱固不可同而語。清國允許強大俄國自由行動，但恐怕不會給弱小之日本這樣的便利。北京對日本出兵臺灣究竟持何種態度，目前沒有可靠消息。但日本出兵之目的決不僅止於懲罰

〔註36〕　（日）《英公使ヨリ寺島外務卿へ臺灣地方清國管轄云々復東》，JCAHR：A03031121600。

一、二蕃民而已，而是想要佔據島之東部並永遠對它進行殖民。日本這樣的舉動，（若言）清國政府不介意，則吾人實無法相信。雖說可以蔑視清國人，但現今日本政府就遣兵臺灣，派遣使至北京進行巧言辯解也不能說服中國政府。即使日本無奪取土地之意，其所行爲異於常理，試以類似之例而論，新愛爾蘭島爲屬於英國，島上有「毛利人」的人種，其名譽上爲英國所管轄，但實際上則隨其自治，英國政府從不在島內實施管理。假如美國捕鯨船於該島海岸擱淺，幸存者遭當地土人殺害時，英國政府雖無力讓土人賠償，就任由美國人出兵登上英國進行討伐毛利人？此問題的答案只有一個，且假定美國人決意征伐而欲租賃運輸船，且不公告美國人征伐之目的，英國也沒有允許美國人之征討，才可能出現允許掛有他國國旗之船隊參與。美國駐日公使賓含雖已經與同僚進行交涉，但在清國與日本兩國政府尚未發佈不可欠之公告之時，對於可視爲半劫掠之征伐事件上，雖未明白表示允許掛有美國國旗之船艦參與，暗中卻允許其使用。而美國國內政府似乎並不暸解此次日本征討之目的，否則爲何允許其國之官吏爲日本政府所啓用來參與征討之行爲？既然美國與清國間爲邦交之國，如協助他國攻打清國領土，清國可要求其進行賠償。若據日內瓦國際條約，則日後請求仲裁裁斷之時，步英國觸犯及法理外，美國應爲第一要犯，實爲理由充足。華盛頓曾勸告該國人避開招惹紛爭之結盟，此可謂賢明之舉，但以目前之情形而言，美國人的參與早晚將使其陷入紛爭或失誤之事件之中，日後將導致其追悔莫及。〔註37〕

次日，英國又在「星期郵報」上，再度批評美國公使，促使美國公使於18日向日本表明局外中立，並禁止美國人、船參加征臺。意大利、西班牙等國也發佈一切責任盡在日本的局外中立宣言。駐紮在橫濱的諸外國本著各自的目的，紛紛開始發表局外中立，干涉此事。就連沒有船隻在橫濱的俄國，也發表了一項禁止該國船舶受租與參與遠征的聲明。〔註38〕這說明當時除美國外的諸外國，出於自己的利益考慮，都反對日本出兵臺灣。

〔註37〕　（日）《橫浜ヘラルド新聞紙日本兵ヲホルモサニ遣ル云々抄訳》，JCAHR：A03031121900。

〔註38〕　（日）《魯公使ヨリ同國人民ヘ臺灣一件二付布告書》，JCAHR：A03031121200。

四、美國公使交涉反對日本出兵

　　給日本政府最大打擊的還是美國駐日公使賓含（J.A.Bingham）的局外中立宣言。日本政府以「琉球難民事件」爲藉口的「征臺」計劃，是參考美國外交顧問李仙得及前任美國公使德朗的意見而形成的。日本方面也一直認爲美國方面是瞭解並默默支持的。但4月18日，美國公使賓含突然拜會外務省少輔上野景範，並請求向日本外務大臣送達附有4月17日《每日先鋒報》（Japan Daily Herald）的信。

　　賓含詢問上野是否讀過先鋒報所報導的日本政府征伐臺灣的報導，並言：「至今日前我完全不知日本政府征伐臺灣之事。閱讀此報紙後，極爲愕然。一般說來，美國政府認爲臺灣全島皆爲清國所有，且清國政府與美國政府間所訂條約第一條中規定：務必和睦往來，若有其他國家對其有不公平之處置時，清國政府告知美國，美國將會涉入其中協助其調解，以表友誼。現日本政府雇用美船或使用我人民，若我袖手旁觀，即等於違反該條約，反而成爲日本幫手。這樣將會產生清政府對我產生不和，甚至求償，使我政府亦不得不對日本政府求償。這將嚴重違背國際公法，破壞彼此親厚之交際，從而釀成嚴重之事端。因此本人實難同意。故擬公開向外務卿聲明應馬上停止本事件中掛有我國旗下之船舶及人民，現已備妥書翰，敬請收閱。」〔註39〕

　　上野馬上辯解到：「此次我政府派船艦前往臺灣絕非爲了征伐。如閣下所知，我藩屬琉球島民五十餘人漂流彼地，爲該島人民所殺害，財貨旅資也全部被掠奪。其後「備中人」漂流至此地，財貨衣服等亦同樣被掠奪，受到最慘酷的待遇。該島位於琉球附近，貴國人等也時有漂流到此地，爲使今後不再發生上述的暴虐處置，我政府想與此島民定立條約，故命西鄉陸軍大輔爲長官，前往該地。然如前所述，該島民爲無知殘暴之眾，因此難以保證不會對西鄉作出舉動，派兵只是保護西鄉而已，這也是爲了和親友好，絕不是要討伐，請您充分瞭解此事。」〔註40〕

　　從上述內容來看，上野對美國公使公然說謊。日本政府內部已經制定好詳細的出兵征討計劃，上野不可能不知道，在這裡卻說，「絕非爲了征伐」，而是要「立約」，以示「和親友好」，並言派出軍隊只是爲了保護西鄉。

　　美國公使並不相信上野的話，馬上追問到「此次行動有無事先與清政府

〔註39〕　（日）《上野外務少輔米公使卜臺灣一件応接記》，JCAHR：A03031122400。
〔註40〕　（日）《上野外務少輔米公使卜臺灣一件応接記》，JCAHR：A03031122400。

正式談判後再實施」、「有發信函及清政府的回信？」上野回答：「去年副島前外務卿全權大使奉命入清之際，曾在北京與清大臣略提及此事，他們的答覆是以臺灣為清政府化外之地。不得已我政府才直接派員前往該島。」「雖沒有信函往來，但我政府此次行動與前些年貴政府於該島的行為之目的是相同的。」〔註41〕

此處上野的回答也值得注意，就是有意將清政府官員所言之「化外野蠻」，篡改成為「化外之地」，並將日本此次的出兵行為，與美國因「羅妹號」登陸臺灣島相提並論。

公使賓含馬上反駁道「此事完全不同。我政府的處理為首先將其事件向清政府正式提出請求，經過充分談判，最後由清政府借與數名士兵而進行的，因此無外國提出異議。然而此次貴政府之處分，既無正式行文向清政府談判之證據，即使只有一名貴國士兵登陸臺灣島，也等於破壞國際公法，在實際上也難保不會發生重大事件。故於此時嚴正拒絕使用我國船舶及公民。先前受雇於貴政府之我國士官，與此次出兵沒有關係，僅是用於國內事務，如此瞭解之下，我政府予以同意，但若用於如此事件時，就不得不加以禁止。總之，請帶回書信，並擬與外務卿會見，請惠覆見面時間。」〔註42〕

從公使賓含與上野的會面談話內容分析來看，賓含作為美國公使，已經意識到問題的嚴重性，他知道此次日本出兵臺灣，目的是殖民臺灣一部或全部，而其主要參謀者即為美國人，而且日本也以美國「羅妹號」登陸事件為

〔註41〕 （日）《上野外務少輔米公使卜臺灣一件応接記》，JCAHR：A03031122400。
〔註42〕 （日）《上野外務少輔米公使卜臺灣一件応接記》，JCAHR：A03031122400。

例的出兵理由，特別是日本出兵沒有與清政府有任何的知會與交涉，這嚴重違背國際法，若清政府對美國提出異議及交涉，美國將處於極爲不利的地位。另外，如果美國對日本出軍臺灣沒有表示，以英國爲首的諸外國，也會以美國、日本違反公法，向清政府提出要求賠償意見或單獨向美國提出異議。

　　賓含在給日本處務卿寺島的信中，向日本政府指出，《每日先鋒報》的報導認爲日本「征臺」計劃目的曖昧，其實質是要殖民臺灣島，還認爲賓含默認了日本對美國船舶的雇用及美國軍人對日本的協助。賓含在信中明確通告日本政府：「關於此事，若無必要至當之公告，此舉即屬於半掠奪之行爲。」〔註43〕美國政府尊重美中友好關係：「本人鄭重聲明，絕無參與此次戰爭，或因此次戰爭而僱用美國船隻及美國軍官之談判事宜，即使有二名美國人受雇於貴國政府，亦絕不是爲反對任何國家而受雇用，且目前貴國政府對於清國或其它與美國和平之任何國家並無爭鬥之舉動。」同時禁止美國船舶及人員參與出兵行動：「本人想立即知道，貴國政府不論對清國、或其一部分人民、或任何其它國家、或其人民，是否有如本人前所引證之報導所述，歸責於貴政府之發動戰爭的意圖呢？而此事物亦爲我政府所關心之事，故請閣下儘快明確告知。若貴政府要進行如此事業，而不爲本人所知時，則貴政府不論對清國政府、官員或其國民中之某一部分，爲敵對而採取海陸征討行爲而僱用我國船艦或國民時，則本人認爲以我政府之名義，公然拒絕乃爲我的職責。此乃因此種雇用爲我政府所禁止之緣故。」〔註44〕

　　賓含在此信中一反前任公使德朗支持的態度，明確提出日本此次出兵臺灣是「半掠奪」性的，其眞意是要殖民臺灣番地或全島，美國並不支持日本這樣的行爲，更以公使身份，表示美國船隻及人員不能參與此行動。

　　賓含對前任駐日公使德朗支持幫助日本政府準備出兵征討臺灣之事毫無所知嗎？筆者認爲這似乎不太可能。德朗將悉知臺情的李仙得介紹給日本政府，還與美國政府及美國駐華公使溝通，使李仙得順利充任「準二等出仕」。李仙得受任日本官職，爲日本「征臺」招集美國現役軍人，雇用美國輪船，親自參加日軍的侵臺行動等，都與美國政府有所交涉。而前美國海軍軍官克

〔註43〕　（日）《米公使ヨリ寺島外務卿ヘ新聞紙中日本徵蕃ノ條款ニ付同國人民並船艦等使役禁制云々來東》，JCAHR：A03031122000。
〔註44〕　（日）《米公使ヨリ寺島外務卿ヘ新聞紙中日本徵蕃ノ條款ニ付同國人民並船艦等使役禁制云々來東》，JCAHR：A03031122000。

沙勒雇用一事，還是公使賓含所批准，故賓含說對此事一無所知，顯然是說謊之脫辭。

筆者以為在英國報紙揭露之前，美國政府已經知道日本想要做什麼，但一直深藏諱言。而英國報紙將這消息公開，明確提出此行為為美國公使所支持，揭開了美國人參與的事實，將美國推向處於極為尷尬的不利地位。事實上美國知道，臺灣島為中國領土，日本沒有知照清政府就擅自出兵，不符合國際慣例，而現役美國軍人隨軍出征，更是嚴重違反國際法，如果不表示態度，就意味著縱容協助日本的侵略行為。

為了鄭重表達美國的立場，18 日，美國公使會見了寺島外務卿，就日本出兵臺灣一事，進行交涉，再次表明其作為美國公使所代表的美國立場。賓含首先就日本雇用美國人一事進行了辯解：「報紙報導之出兵臺灣所雇用之美國船隻及美國人皆為本人所許可，本人先前允許日本雇用前海軍少校克沙勒之申請時，並不知道日本將要出兵臺灣。而根據 1860 年我政府訂立的中立規則，其中規定同盟國與同盟國發動戰爭時，禁止出借船舶及人員參與。基於此原則及我的職責，本人認為所有不妥。」〔註45〕

寺島進行了辯解說雇用李仙得等並非用於戰爭，且決無與清政府敵對之意，只是要問罪牡丹社，也不會登陸別處。但賓含進一步質問，日本的行動是否獲得清政府的許可，寺島回答副島談判時並未提及派人問罪出兵一事，但清政府說處分無法及於臺灣，上陸地點為清管轄不及之地故不會與清國為敵。

賓含反問說清政府若不同意貴國派人問罪，即可視為是戰爭。並再次強調：「若採取敵對戰爭之時，則與我職務職責有關。我國局外中立之原則，對日本對清國都是一樣適用，日本向清國出兵時，不論對日本還是對清國，我方都不能協助，清國向日本出兵之時，也是相同原則。故嚴格禁止船舶及人員的參與。若將來美國政府因此受到責難時，則為本人未盡職責所致。而此次，若日本有不法發動戰爭時，相信貴政府不會雇用美國人當作日本士兵或美國船隻當為日本軍艦來使用。」〔註46〕

出兵臺灣是日本明治維新以來最大的軍事行動，李仙得及由他介紹的美國士官和已經簽約的「紐約」號商船都是此計劃不可缺少的重要部分，但由

〔註45〕（日）《寺島外務卿米公使卜臺灣一件応接記》，JCAHR：A03031122100。
〔註46〕（日）《寺島外務卿米公使卜臺灣一件応接記》，JCAHR：A03031122100。

於美國的中立宣言，原來的計劃全部被打亂。出兵臺灣遇到的最大麻煩，就是所需要船舶的租用問題。載有克沙勒和華生的「北海丸」，原定於 4 月 15 日從品川港開赴長崎，因故而推遲。20 日，「北海丸」出發的前一刻，信使帶來美國公使的信函，公使告誡克沙勒、華生不得參與出兵行動。同時太政大臣三條實美也派員傳來信息，「北海丸」先行開到長崎等待指示，但美國公使已經要求日方不得雇用美國人及船隻。

在明治政府內部，也因出兵一事出現分歧。明治維新三傑之一的木戶孝允，堅決反對出兵，並於 4 日 14 日提出辭呈，陸軍卿山縣有朋也一度提出辭呈，工部卿伊藤博文也消極響應。在英國、美國公使的強大壓力下，日本政府最高權力者太政大臣三條實美也有所擔心，「我方雖進行種種辯解，但此到底說的在理（指美使質問之語），故即使是外務卿也無回答之語。此外，英國公使謂欲訂有關臺灣處分，若造成英國損失時將會索取賠償之言。另外，各國公使也有種種反對意見提出。」〔註 47〕故緊急讓大隈重信通知西鄉從道在長崎待命，並召大隈回京進行商議，並派出權少內使金井之恭赴長崎進行阻止征臺之行動。

同時，三條向大隈重信發出停止啓用美國人及美國船舶的命令：「此案之美國人李仙得等人員及船艦停止航行臺灣。因此次行動相關之事皆委任該人，但如上述情形，此事只能暫時停止，且需要的船艦等也被禁止。此次行動不可能達到其目的，故已經難以實施具體執行。且與清政府的交涉也只有去年柳原大丞應對的辯解。故我政府的理由並不充分，且各國公使都公論臺灣爲清國版圖之事是十分清楚的，他們先後提出議論，言我方必須先派使節與清政府協商後再採取行動。故請足下快速回京。事到如今，實際處分實在頗感勞神困難。時機既然已經喪失，也沒有更好的辦法，只好請足下回京。故請早日上京。至於西鄉都督方面，亦須處理好隨行官員、軍隊、各船艦等諸事宜。且由於上述理由，另有委任事項，通知其暫時待命。現已差遣金井內吏通知北海丸回航長崎。此外已通知福島參議抵達長崎後，應遵照你的指令而進退，故請指揮該人之進退爲禱。」〔註 48〕

〔註 47〕　（日）《三條太政大臣ヨリ大隈長官へ米公使臺灣一件異論云々覺書》，JCAHR：A03031122200。
〔註 48〕　（日）《第三十三號米公使ヨリ寺島外務卿へ李仙得外二名臺灣行差留云々來束》，JCAHR：A03031122600。

從三條實美的二封信函內容來看，日本自知出兵臺灣的理由並不充分，而且各協約國都表示反對，特別是美國公使的反對，使出兵倚重的李仙得及美國船艦等不能參與此次行動，使日本政府意識到出兵取得勝利可能性極小，故決定放棄出兵計劃。

五、西鄉的強行出兵

日本出兵臺灣的計劃，因各國的干涉而被打亂。本來日本也欲租用英國的汽船「約克夏號」及美國太平洋郵輪「紐約號」。4 月 19 日，太政大臣三條實美派權少內使金井之恭赴長崎召大隈重信回京，並向西鄉從道發出了「出兵延期，等待後令」的電報。西鄉直接回電說「軍兵氣勢高昂勢不可擋」。〔註 49〕

25 日金井到達長崎與大隈會面並通報了各國公使的異議，但西鄉認為「陸海軍氣勢高昂恐難遏制」，與大隈產生了對立。為此大久保利通不得不動身前往長崎。

而當日李仙得接到禁止美國人參與遠征活動，同時美國公使還命令美國太平洋郵輪公司不得出租「紐約號」。

「紐約號」噸位龐大，載重量可觀，對遠征的成敗極為重要。日本人包括李仙得本人，也沒有想到友善的、一向支持日本此次行為的美國公使會突然變卦。禁租「紐約號」號給日本出兵行為帶來的沉重的打擊，而英國汽輪「約克夏號」也被禁止停靠任一清國的開放港口。〔註 50〕而此時「北海丸」又在赴長崎途中遭遇暴風雨，只好在長崎港內拋錨，於是整個出征計劃為之癱瘓。

但西鄉從道並沒有停止出兵準備行動，他動員各方力量，立即購買了數艘輪船，以代替「紐約號」和「約克夏號」。陳政三在《武士刀下的牡丹花》中記述：「日本總共以一百五十萬六千八百美元（約為四百一十萬日元）購入七艘船，雇用日船四艘，雇用英、法船各一艘，共十三艘。購入的七艘中，有艘法船值六萬美元，改稱為『社僚號』；另艘英船『三角洲號』，以十萬美元賣下，改名為『高砂丸』。」〔註 51〕

〔註 49〕 多田好問：《岩倉公實記》（下），第 145～146 頁。

〔註 50〕 （日）《西鄉都督ヘ二ウヨルク號出帆故障中出云々並北海丸關帆之義往東》，JCAHR：A03030129700。

〔註 51〕 愛德華豪士著，陳政三譯，《武士刀下的牡丹花》，第 37 頁。

　　筆者沒有查閱到更多的資料，但日本政府緊急調船卻爲事實，在「紐約號」及「北海丸」之後，又馬上雇用了「浪花丸」號〔註 52〕，另外，還雇用了英國船「ラツプチツク號」。此船船 462 噸，150 馬力，可乘人員 30 名。〔註 53〕筆者推斷，此船可能爲陳政三所言之英船「三角洲號」。另外，還修繕了「豐瑞丸號」〔註 54〕，雇用了「三邦丸號」、〔註 55〕「天幸丸號」〔註 56〕。

　　另根據《申報》（七年九月五日）的記載，當時日本出動了戰船四艘、炮船七艘及運兵船五六艘，另外還有兩隻帆船。〔註 57〕可推想出日本當時爲出兵而進行的船舶之準備。

　　李仙得在 4 月 25 日，獲悉美國公使賓含禁止美國人參與征臺事宜，及命令美國太平洋郵輪公司不得出租「紐約號」。李仙得聯合克沙勒、華生，發表了共同聲明：

　　　　一、賓含公使早在本年三月即已獲日本政府知會本案；

　　　　二、賓含公使在三月十五日至電美國政府，力促當局贊成克沙勒少校以休假方式參與遠征行動；

　　　　三、不管賓含公使基於何種理由不贊成，但他在行動正式展開後才突然表示反對，已使三人無法及時循正常管道向美國政府表達異議，也使整個行動遭到近乎不可挽救的延遲，迫使日方蒙受龐大的額外財政支出與政治困擾；

　　　　四、「紐約號」從東京出發時，賓含公使並未阻攔，但卻在該船由長崎開航時提出黑手，造成兩位美國軍官與近三百名日本軍士官極大的不便。〔註 58〕

　　從李仙得的「聲明」中分析來看，日本政府早就在 1874 年 3 月時，將出兵臺灣事宜通報給美國公使賓含，而且克沙勒能夠順利地被日本政府雇用，也是出於賓含公使與美國政府的溝通，這些都說明，美國政府早就知悉日本出兵事宜。而公使賓含出爾反爾，實爲被英等國的逼迫使然。

〔註 52〕　（日）《橫山租稅權助ヨリ浪花丸借上云々來柬》，JCAHR：A03030129800。
〔註 53〕　（日）《支局ヨリ英船ラツプチツグ號入港來柬》，JCAHR：A03030129900。
〔註 54〕　（日）《都督本營へ汽船豐瑞丸修繕之義往柬》，JCAHR：A03030130700。
〔註 55〕　（日）《林大佐外一名へ入港英船並三邦丸乘組中重官云云往柬同件屆書》，JCAHR：A03030130800。
〔註 56〕　（日）《支局ヨリ浪花丸天幸丸入港來柬》，JCAHR：A03030133800。
〔註 57〕　（日）《申報一》，JCAHR：A03030478600。
〔註 58〕　愛德華豪士著，陳政三譯，《武士刀下的牡丹花》，第 36～37 頁。

－119－

　　李仙得也回信給美國公使，表示遵守日本的命令：「依照美國法律，本人瞭解對我政府之義務之前提下，本人遵守日本政府之命令。本人受雇用於日本政府，爲閣下前任者在職時以其官位強力勸誘才得以擔當的。由此人今天本人才就職於日本。其緣由已經上報給聯邦政府，而現在正逐行其職務。」〔註 59〕

　　李仙得也回信給大隈重信，表示美國公使有不同意見，可視爲「政府與該公使之間事情」，表示：「賓含所提出的異議，僅爲日本皇帝陛下之政府與美國公使兩者間關係之事件，故本人對此不予置評。」〔註 60〕

　　李仙得先是將美國公使的禁止令出示給克沙勒及華生，又把西鄉從道的出發令交予兩人，並將自己的處理方法告訴二人。克少勒及華生也仿傚李仙得，並由李仙得向大隈重信傳達其效命於日本政府的決心。

　　所以，李仙得對日本出兵征臺的作用極爲重要。西鄉也是與李仙得商量之後，於 5 月 2 日由谷干城率大部隊乘「明光」號出發，李仙得幫助雇用的美國人克沙勒及華生等人分別以中校、少校身份隨船出征。這樣，在大久保沒有到達之前，出兵「征臺」即成事實。

　　西鄉從道迅速租用一艘小汽船「有功丸」。李仙得也於 25 日草擬了 A 案和 B 案兩種「征臺計劃書」給西鄉。〔註 61〕

　　26 日，西鄉從道、李仙得、克沙勒共同商議，決定美國人克沙勒、華生隨行先頭部隊出發。

　　4 月 27 日，西鄉命令福島久成率領 270 名士兵乘坐「有功丸」號強行從長崎出發征臺，駛向中國的廈門。此消息是由長崎稅關向蕃地事務局通報的。〔註 62〕而前來阻止出兵的金井內吏只好轉至碼頭爲征臺兵送行。日本方面不但沒有再設法阻止西鄉等人的魯莽行爲，反而讓各地方調查隨軍出征之軍士名薄，發佈命令給予高額的工資和俸祿。〔註 63〕

〔註 59〕　（日）《李仙得長崎ヨリ米公使ヘ日本政府ノ命令ヲ遵守云々復束》，JCAHR：A03031122800。

〔註 60〕　（日）《李仙得長崎ヨリ米公使ヘ日本政府ノ命令ヲ遵守云々復束》，JCAHR：A03031122800。

〔註 61〕　（日）《臺灣出兵ニ付手續書》，JCAHR：A03030999500。

〔註 62〕　（日）《長崎稅關ヨリ有功丸出港復束》，JCAHR：A03030132000。

〔註 63〕　（日）《支局ヨリ渡蕃士官名簿回付往復》、《都督以下日給加俸賄等概表》，JCAHR：A03030132200、A03030132100。

小結

綜上所述，日本政府在李仙得等人的指導下，出臺了「臺灣蕃地處分要略」，計劃出兵臺灣，最終達到殖民臺灣一部或全部的目的，但在各國反對下，特別是在美國公使的反對下，日本政府決定終止出兵行動。但西鄉從道不顧明治政府暫緩出兵之決定，強行發船出兵中國臺灣，「西鄉暴走」不但開創了日本軍閥跋扈的首例，也奏響了近代日本染指侵略中國的大幕。以上歷史事實，令人深思，出兵臺灣是明治新政府成立後的第一次大規模的軍事行動。但它也是在政府沒有允許，由地方軍閥擅自興起的。這似乎為日本以後的諸多軍事行為，做出了「光輝」的榜樣，更開啟了日本軍國主義對外侵略擴張的第一步。

第八章 西鄉出兵的眞相及清政府
各方的反應

　　日本政府秘密做好出兵侵略臺灣準備後，西鄉從道率領的日進號、孟春號等軍艦，由品川港開往長崎港待命。英美等國以局外中立爲由，拒絕日本徵用該國人員及船舶，並對日本出兵表示明確反對。各國對日本出兵臺灣的反對，成爲日本政府外交上的梗阻，特別是支持者美國中途變卦的公開反對，日本內閣再度發生爭議，贊成與反對者激烈對峙，最終是使日本「朝野爲之動搖，決定暫且停止出師臺灣，先與中國政府交涉。」〔註1〕1874 年 4 月 19 日三條實美派出權少內史金井之恭趕赴長崎，命令大隈重信回京，並傳令西鄉從道延緩出兵，以待後命。但西鄉等人並沒有聽從命令，而是密謀抗命，強行出兵中國臺灣。

一、大隈重信及西鄉從道等密謀派出征臺軍

　　實際上，在臺灣蕃地事務局成立後，西鄉從道馬上向清政府閩浙總督發出了出兵的照會，該照會於 4 月 9 號到達福建，其內容如下：

　　　　臺灣土蕃之俗，自古嗜殺行劫，不奉貴國政教，海客災難是樂。邇來我國人民遭風漂到彼地，多被慘害。幸逃脫者，迫入貴國治下之境，始沾仁宇恩恤，藉得生還。本國稔知貴國矜全我民之意厚且至也，我國政府感謝奚似，而彼土蕃反是，害我人民，如此，爲民父母豈忍默然，是以我皇上委本中將，以深入蕃地，

〔註1〕（日）多田好問編：《岩倉公實記》（下），第 145 頁。

招彼酋長，百般開導，殛其凶首，薄示懲戒，使無再蹈前轍，以
安良民。本中將謹遵欽旨，即率親兵，將由水路直達蕃地。至若
船過貴境，固無他意，應毋阻拒，但恐閭巷之說，或觸於貴國之
詫異，茲特蕭文報明。為此照會貴大臣，希即查照，轉飭各地方
官，咸使知之可也。〔註2〕

在該照會中，西鄉還提出要清政府官員配合其行動的無理要求：

明治四年十二月，我琉球人民六十六名，遭風壞船，漂到臺灣
登岸，是處屬牡丹社，竟被蠻人劫殺，殺死五十四名，十二名逃生，
經蒙貴國救護，送回本土，又於明治六年二月，我備中州人佐藤利
八等四名漂到臺灣卑南蠻地，亦被劫掠，僅脫生命。幸蒙貴國恤典，
送交領事，旋已回國。凡我人民迭受恩德，銜感無限。茲我政府怪
土蕃幸人之災，肆具劫殺，若置不問，安所底止？是以遣使往攻其
心，庶使感發天良，知有人道而已。故本中將雖云率兵而往，惟備
土蕃一味悍暴，或敢互抗來使，從而加害，不得已則稍示膺懲之勢
耳。但所思慮者，有貴國及外國商民在臺灣所開口岸運貨出入者，
或見我國此間行事，伊等便思從中窺與生蕃互通交易，資助敵人軍
需，則我國不得不備兵捕之。務望貴大臣遍行曉諭臺灣府縣沿邊口
岸各地所有中外商民，勿得毫犯。又所懇者，倘有生蕃偶被我民追
趕，走入臺灣會縣境內潛匿者，煩該地方隨即捕交我兵屯營，是望。
特此附片以陳，惟請貴大臣煩為查照施行。〔註3〕

從西鄉的照會內容來看，日本已然將琉球納入到日本國內，出兵的目的
表面就是要為琉球人討回公道，實際上就是為釐清琉球與清的關係，為吞併
琉球做準備。但日本的出兵計劃遭到以英國為首的諸外國的反對，導致日本
內閣再度發生激烈爭議，最終決定暫時終止出征，等待時局的發展，內務卿
大久保利通急派權少內史金井之恭赴長崎，傳達終止出兵的決定。

金井之恭到達長崎後，馬上與大隈重信會見，向其遞交了三條實美的信
函。信函要求日軍暫時在長崎待命，並明確表示這是由於諸外國的干涉：「此
舉原是全部依靠李仙得的安排，但如今美國公使提出異議，日本不得雇用美
國人和美國船隻，所以我想此舉恐怕難以成功。而且各國的輿論，都以為臺

〔註2〕（日）《大日本外交文書》第七卷，第29～30頁。
〔註3〕（日）《大日本外交文書》第七卷，第29～30頁。

灣是中國的版圖，雖經寺島外務卿努力的辯解，但仍難以成功，理屈難辯，不但如此，英國公使還要求日軍征臺時英商如蒙受損失的賠償等。總之，征臺軍暫停長崎，大隈長官則迅速回京。」〔註4〕

　　從三條實美的信函內容來看，日本並不是不想出兵，而是怕列強的反對。而此信也反映出有美國政府影子的李仙得在此次出兵中的重要性。但是業已集結在長崎的士兵，獲悉政府受外國干涉而動搖了出兵的念頭，馬上產生了不滿的情緒。當時駐紮在長崎出征軍有三千人，其中「多半是從舊薩摩藩招集來的粗莽武士。他們多為當時因為征韓論主張垮臺後退役、隨西鄉隆盛回到鹿兒島的返鄉軍人。」〔註5〕他們連西鄉從道也不放在眼裏，加之日本不得雇用外國船隻，不得不從紐約號上投下已經裝載的貨物，使長崎港降入一片混亂。

此時在長崎統領征臺軍的西鄉從道接到政府的電報後，斷然表明自己的反對立場，他頑固地堅持：「軍兵氣勢高昂勢不可擋」，〔註6〕繼續其出兵前的最後準備。25日金井到達長崎與大隈會面並通報了各國公使的異議。但西鄉認為「陸海軍氣勢高昂恐難遏制」，不贊成大隈聽從政府命令，也不接受延緩出兵的命令，強硬表示：「今也，從道拜受大命，不辱節鉞之任。出師在途，未及數日，則擱置大命乎？且延留本港……恐士氣沮喪，何以等待後命焉？從道既奉鈐璽敕書，已非舊之從道，今日縱使太政大臣自來傳諭，也不敢奉之。」〔註7〕

〔註4〕　（日）《大隈重信關係文書》第二卷，みすず書房，2005年，第306頁。

〔註5〕　《臺灣史與樺山大將》下卷，第407頁。

〔註6〕　（日）多田好問編：《岩倉公實記》（下），第145～146頁。

〔註7〕　（日）多田好問編：《岩倉公實記》（下），第146頁。

　　西鄉決定交還英美船隻，解聘雇用的外國人武官。此種情況下李仙得極力支持西鄉從道，25 日上書西鄉，並提出向「有功丸」等船加滿煤炭等燃料。〔註8〕26 日，西鄉即傳令各艦積儲煤炭及用水。同日，西鄉與李仙得、克沙勒會談，決定克沙勒於次日乘坐「有功丸」先行出發。〔註9〕

　　27 日，李仙得也收到大隈的信函〔註10〕及美國公使給三個美籍人士的禁止從軍令。但李仙得將禁止令交給克沙勒和華生（瓦生）的同時，也將西鄉都督的出發令交給克沙勒。〔註11〕克沙勒及華生面對李仙得給予的選擇，沒有改變初衷的可能。

　　同日晚上九點多，由第一任廈門領事兼臺灣蕃地事務參謀福島九成，帶領克沙勒、華生及李仙得的秘書紐約前鋒報的記者豪斯（Edward H House）及二百多名士兵，攜帶西鄉從道寫給閩浙總督李鶴年的「日軍征臺通知書」〔註12〕，搭乘「有功丸」號前往廈門。

　　以往一般歷史研究中將其稱爲西鄉「獨走」，筆者認爲是不符合歷史史實的。首先，西鄉從道本人並沒有在 4 月 27 日隨軍出征；其次，西鄉從道雖是「抗命」派出軍隊，但根據大隈重信的回憶，大隈還與金井內史一同到港口，爲有功丸送行。〔註13〕這說明大隈及金井都是支持西鄉的做法。大隈重信爲大藏卿併兼任臺灣蕃地事務局長，而金井爲三條實美的特使，以他們的權力，是完全可以阻止西鄉的行爲的。另外從西鄉的言論中也能看出破綻：「如清國提出異議，政府可推脫乃從道軍艦開小差的海賊所爲，無累及政府之事。」〔註14〕可見，外表上是西鄉抗命派出征臺軍，實際上是大隈重信及西鄉、李仙得及金井等人的秘密謀略。這從下文內容中也可證明。

　　三條實美擔心金井沒有能力說服大隈及西鄉等人，於 29 日決定由剛剛鎮壓佐賀叛亂歸來的大久保前往長崎，以便應勢做出調整。但大隈及西鄉在大

〔註8〕　（日）《李仙得覺書第二十九號有功丸外各船ヘ石炭積入等ノ論》，JCAHR：A03031007600。
〔註9〕　（日）《大日本外交文書》第七卷，第 57 頁。
〔註10〕　（日）《大隈長官長崎ニテ李仙得ヘ「カツセル」「ワッソン」ヘ命令云々往束》，JCAHR：A03031007700。
〔註11〕　（日）《大日本外交文書》第七卷，第 46～47、57～58 頁。
〔註12〕　（日）《大日本外交文書》第七卷，第 29～30 頁
〔註13〕　（日）多田好問編：《岩倉公實記》（中），第 47 頁。
〔註14〕　《臺灣史與樺山大將》上卷，第 276 頁。

久保到達之前的 5 月 2 日，又派谷干城率軍艦日進、孟春以及運輸船三邦丸、明光丸，領兵一千增援侵臺日軍。

5 月 3 日大久保利通到達長崎之時，增援軍隊已經發出，大久保見已成覆水難收之勢，遂向政府發電：「今出征之事已無終止之由，若他日因此釀出問題，臣請咎其責。」〔註 15〕

5 月 4 日，大久保利通、大隈重信、西鄉從道在長崎臺灣蕃地事務分局召開會議，決定甲乙兩議定書。甲議寫書是針對列強干涉的應付策，主要有以下五個方面的內容：

一、克沙勒和瓦生兩人已錯失機會，搭乘有功丸號出發，請拍發電話告知靜待西鄉都督抵達。

二、克沙勒和瓦生等從軍以程序上的延誤辯解，等西鄉都督到達臺灣之後送回日本。

三、關於李仙得，爲了向美國公使解釋其經過，也令其返回東京等。

四、生蕃處分完成之後，迨至生蕃停止惡行，遵奉我方意志前，應留駐適應人等。

五、生蕃處分一事與清國有關，如中日之間因日軍征臺而發生糾紛（即戰爭），則日本將雇用的外國人士及外國船隻送回。〔註 16〕

議定書「乙」是指示各征臺負責人應採取的行動：

一、打電報給東京速派柳原公使立刻赴中國展開對中國外交。

二、西鄉之事：快速雇用或購買船前往生蕃社察。

三、大隈之事：靜待柳原公使抵達長崎後詳實說明意旨慎重進行協議。

四、大久保之事：明五日出帆，視實地情況盡可能陳報協調進展、決議之情況。

五、因前條決議釀成難題時由我等三人共同負擔其責任。〔註 17〕

〔註 15〕《臺灣史與樺山大將》上卷，第 277 頁。

〔註 16〕（日）《大久保大隈兩參議西鄉都督連署決議條件甲乙二號》，JCAHR：A03031123800。

〔註 17〕（日）《大久保大隈兩參議西鄉都督連署決議條件甲乙二號》，JCAHR：A03031123800。

5 日，英國公使再次至信函給外務卿寺島，聲明英國決不允許該國人民及船舶受雇於日本：「上月十四日貴函認為出兵前往臺灣非屬清國政府管轄之地，上月十六日曾覆函貴國真意為何，此次出兵之舉雇用我國船艦、人民，清國政府無理由提出異議之道理何在，然未接閣下回音，僅於上月二十日以口頭說明方式拍發電報至長崎告知業已終止之意，然據我駐長崎領事上月二十九日以信函通知，貴國輪船已搭載軍隊及兩名美國人軍官自長崎航向廈門，今天我駐北京公使告知，清國政府對此一無所知，宣稱臺灣蕃士居住之地為其附屬之地，如果如此，則與閣下來函謂蕃人居留地非屬清國政府管轄地之意相互矛盾，故清國政府公開聲明同意上述舉措之前，不管出兵指向臺灣任何地方，雇用我國船舶或人民一事，本公使礙難准許。」〔註 18〕

5 月 7 日，三條太政大臣打電報給大隈，令其解雇英國人布朗和英國船隻。〔註 19〕大隈和西鄉雖解雇了英國船，卻仍然在作大部隊出發的準備。大隈以洋銀六萬元購買美國船隻，改稱「社僚丸」，又以洋銀十萬元購買英國船隻，改稱「高沙丸」。同時，為了讓前來阻止出兵的大久保利通及政府支持出兵，此時才將 3 月 19、20 日清官員沈秉成及陳福勳就日本出兵臺灣提交給駐上海領事品川忠道反對意見的照會轉交給大久保利通，並請求政府派柳原前光為赴清使節。5 月 17 日，西鄉從道才乘坐高沙丸，率大有丸、明光丸及新紐約號，前往臺灣琅嶠支持接應征臺軍隊。

二、清政府朝野對日本入侵的反應

為實現「吞併琉球」而謀劃的出兵臺灣計劃，日本明治新政府秘密籌劃準備了兩年的時間，雇用聘請了大量外國人，同時雇用及徵調大批船艦，而且日本外務卿副島使清之際，既已提出派駐公使駐紮北京，但是日本的軍隊卻先於公使提前登場踏上臺灣土地。中國官員從副島使清換約的過程中，已經明確表明日本要出兵征討處理臺灣番地事件，但清政府卻以為是要以頭班謹見的藉口，似乎沒有太放於心上。

清政府是何時知道日本出兵臺灣的消息，學術界一直沿用日裔臺灣學者藤井志津枝的說法，她在《近代中日關係史源起》中的研究認為，清政府獲

〔註 18〕 （日）《英公使ヨリ寺島外務卿ヘ同國人民船舶御雇許可難致云々來束》，JCAHR：A03031123900。

〔註 19〕 （日）《大日本外交文書》第七卷，第 68～69 頁。

得日軍出兵侵臺的消息，最初是從英國駐京公使威妥瑪處：「英國駐日公使巴夏禮（Harry S. Parkes）的電文，是同治十三年三月初一日（四月十六日）到達北京，英國駐北京公使威妥瑪（Thomas F. Wade）立刻派使要與總署官員會晤，但初一、初二日（十六、十七日）總署各大臣均未進署，延到初三日（十八日）才能與董大臣會晤。」〔註20〕

　如果按藤井志津枝的研究，淸政府知道臺灣要出兵的消息是在 1874 年 4 月 18 日。但根據笔者收集到史料《ビン淅總督李鶴年ヨリ西鄉都督へ撤兵四國云々復柬》〔註21〕一件中，明確記載「淸欽命頭品頂戴兵部尙書閩浙總督部堂李爲照會事照得本年二月二十三日（公曆 4 月 9 日）接準二月二十七日（公曆 4 月 13 日）貴中將照會內開」之語，證明在日本出兵之前的 4 月 9 日，福建地方的閩浙總督李鶴年，已經從西鄉從道的照會〔註22〕中，知道日本要出兵臺灣的消息。

　笔者沒有查到福建地方官員何時將日本出兵的消息上報給淸中央政府。但 4 月 18 日，英國駐北京公使威妥瑪（Thomas F. Wade）得知日本出兵臺灣的消息後，立刻與總署官員會晤，證明至少在此時，淸中央政府已經知道日本出兵臺灣的消息爲確定。這也說明英國駐日公使在與日本政府交涉的同時，就有意通知淸政府，才向北京公使威妥瑪發電通報此事。

　威妥瑪還在 4 月 18 日向淸政府大臣就此事進行了細緻的詢問：

　　　一問臺灣島生蕃所住居地方，是否中國向以爲隸入版圖？

　　　二問生蕃若以爲中國隸入版圖之內，此次究有議准興師前往該處登岸與否？

　　　三問生蕃若非中國版圖之內，此項興師可否不由中國地界經過而至其地？

　　　四問須由中國地界而後對其地，究有議准日本軍隊，經過中國地界與否？〔註23〕

〔註20〕藤井志津枝：《近代中日關係史源起》，臺北：金禾出版社，1992 年，第 125～126 頁。

〔註21〕（日）《ビン淅總督李鶴年ヨリ西鄉都督へ撤兵四國云々復柬》，JCAHR：A03031124400。

〔註22〕此照會笔者沒有查到原件，但在《日本外交文書》第七卷中收錄了此照會，但其落款日期爲 4 月 12 日，笔者推斷可能是先先送給淸福建方面，之後才報給日本中央政府故其日期是存在著問題。

〔註23〕《甲戌公牘抄存》，第 10～11 頁。

20 日，總署正式以回復英國公使：

　　一、查上年日本國副島大臣駐京時，並未向本衙門議及有運兵
前赴臺灣沿海迤東地方征伐生蕃之舉。

　　二、現在究竟因何興師，亦未據有文知照。

　　三、惟隸中國版圖似此生蕃之類者，不一而定，雖其人各從其
風俗，不能強繩以法律，而其地究屬係中國地面。〔註24〕

此後，19 日，英國翻譯官梅輝立（W.F.Mayers）到總署就此事進行了詢問。20 日，總稅務司赫德及西班牙使臣丁美霞也到總署就此事進行了問尋。

從以上資料看，清政府地方福建方面，早在 4 月 9 日就已經知道日本要出兵中國臺灣，中央也在西鄉大兵出發前的 4 月 18 日，就已經確切知道出兵之消息，但上下並沒有任何的反映。

中國方面最初的反映，並不是清政府方面，而是《申報》。《申報》在 4 月 14 日首次報導了日本欲出兵征討臺灣番地的消息。接下來基本每期頭版都有新聞討論日本出兵臺灣之事，而且根據藤井志津枝的研究，「對臺灣和生番的看法，可以說與官方的見解類似，只是對日本為何出兵侵臺，則比官方看得透徹。」〔註25〕筆者也收集到大量的諸如《申報一》、《申報二》、《彙報》、《彙報》、《香港新聞》、《教會新聞香港新聞合錄》、《諸新聞書名闕》〔註26〕等資料，也證明清地方較官方反應更快，也更深刻。

目前雖無法確定清中央政府方面最早是從《申報》上獲取的消息，還是從英國公使威妥瑪處獲得的消息，但很快也做出了反應。4 月 28 日李鴻章遞交給總理衙門的奏摺《論日本派兵赴臺灣》中，提出總署方面必須進行有效防備。此後總署不斷接到關於日本出兵的消息，李鴻章轉遞上海探信的報告：

　　所有東洋興兵打臺灣生番地方之事，連日議論紛紛。項由長崎
信來，知日本派柄川宮總督其事，李仙得參議·李即去年隨副島來
過，本美國人，曾任福建領事，會說臺灣話。外國新報一萬五千人，
究竟兵數，不知實在。花旗公司船名牛也克，裝三千人，云為日本
雇裝兵丁前往·共去五個船：兩隻兵船，由日本而去；一隻兵船，

〔註24〕《甲戌公牘抄存》，第 13 頁。
〔註25〕藤井志津枝：《近代中日關係史源起》，第 130 頁。
〔註26〕 （日）JCAHR：A03030478600；A03030478900；A03030479200；A03030479600；A03030479800；A03030479700。

日本派駐煙臺調去；兩隻商船，西人之船雇去．但四五千之數，有

多無少。〔註27〕

總理衙門又於 5 月 4 日接據南洋大臣李宗羲咨云：

> 準福建水師提督函開：十五日，有日本大戰船一隻，寄泊廈門
> 港，遂遣員向該國帶兵官詰問。據稱擬借校場操兵。詢其前往何處，
> 稱尚未定。船中約百餘人，查係自臺灣澎湖而來。詰以何往，仍屬
> 支吾。操兵之事，示以向章所無，該帶兵官亦即俯首無詞。究竟作
> 何舉動，未能窺其底蘊。〔註28〕

聽到此消息的總理衙門很迷惑，由於當時中國尚無對日聯絡機構，對於消息的準確性缺乏信心，不敢盲目採取行動，只好向福州將軍文煜查問。

最先向日本提出抗議的是清上海道臺沈秉成，他於 5 月 4 日向日本駐上海領事品川發信函。這份文件收錄於《大隈長官長崎ニテ大久保參議ヘ品川領事往復云々往柬》中，其信內容如下：

貴國有派兵赴臺灣生番地方之說，當囑陳司馬赴臺端問信，經翻譯官將二月二十八日接到長崎電報抄示係貴國外務省派員前往臺灣生番查問等語，並未提及派兵之事。迨後本道屢閱新聞紙述及貴國派撥大兵並租美國牛約輪船裝載赴臺事係確鑿，臺灣生番地方係在中國幅員之中亦即中國之人，今貴國興問罪之師前往彼處，必從廈門琅嶠等口經過，自應先向中國商議方為正辦。現在貴國並無來文，究竟有無派兵赴臺之舉，柳原大臣曾不日起程，約計何日可以到滬，即祈貴領事詳細賜悉，以便稟報通商大臣核辦。倘貴領事未接確信，並望飛速轉詢示知，如果實有派兵赴臺之事，則請止住師船。俟柳原大臣到此與總理衙門商議妥協再行定奪，本道與貴領事共事一方，諸承和衷共濟，事關大局用，特奉商順頌勳祉並盼惠覆不具。

三月十九日（公曆 5 月 4 日）〔註29〕

　　從上文內容來看，清地方官還早於中央政府向日本政府提出反對出兵臺灣的意見，並明確提出臺灣番地為中國之地，臺灣番民為中國人。

　　另外，大隈重信將日本駐上海品川領事與清官員的信件也轉交給大久保利通，並要求讓柳原前光再次出任赴清談判使。〔註30〕在此份文件中，收錄了清福建官員陳福勳在 5 月 5 日向駐上海公使品川反對日本出兵臺灣的信函：「貴外務衙門發往臺灣生番之兵船，必須由廈門琅僑等口經過，須與閩省

〔註29〕 （日）《大隈長官長崎ニテ大久保參議ヘ品川領事往復云々往東》，JCAHR：
　　　　A03031124000。
〔註30〕 （日）《大隈長官長崎ニテ大久保參議ヘ品川領事清官贈答二付柳原公使赴任
　　　　云々往東》，JCAHR：A03031124100。

地方官商說，不可遽興師問罪之師等，因想品川領事定必即日飛報矣，請貴中錄轉達品川領事即行先行函覆道憲，是所切盼。專泐。奉致順頌。」〔註31〕這份資料，也證明清福建官員最早做了反對的動作。

日本駐上海領事品川在西鄉大軍已經出發後，才回函覆陳福勳，但沒有明確告訴清官員日本出兵之事，而是將此事推給了即將使清的柳原前光，其回函內容如下：

> 貴道來函以屢閱新聞紙述及貴國派撥大兵赴臺事確鑿。臺灣地方係在中國幅員之中，亦即中國之人，今貴國興問罪之師前往彼處，自應先向中國商議方為正辦。究竟有無派兵赴臺之舉，柳原全權公使曾否啟程，約計何一日到滬，祈詳細賜悉，以便稟報通商大臣核辦，如果實有派兵赴臺之事，則請止住師船。俟柳原大臣到此與總理衙門商議妥協再行定奪，等回查此事。本領事未得本國確信，至止住兵船一事，本領事未能擅主。業將尊意飛電寄長崎縣，速即轉稟外務省，立候回電等語，去後據長崎縣覆電，云柳原公使未知幾時到滬云云。適今早有英國商船兩隻，一開往長崎，一開往橫濱之便，又另修公函兩封附寄外務省暨長崎縣矣。此恐柳原公使在半途故也。柳原公使一到長崎，必以電信知照一切公事。除候示遵行，再行奉達外合先泐覆。即頌時祺。〔註32〕

5月10日，大隈重信又發信函給日本駐上海領事品川，並沒有談及日本已經派出征臺軍隊，而是強調日清之和平：「附道臺來函全文抄本一封，縷縷細示，其旨敬悉。柳原公使即將由彼地出發，大久保參議此次更奉命出差至長崎，公使將俟該人回京後出發，而大久保參議已於六日辦結此地公務回京，公使近日將可赴任。惟正如先前本人一再通知之所言，關於此次處分番地之事雖有不少訛言謬傳，清國政府自然難免有憂心過慮之處，但本朝對該政府誓無絲毫萌生破壞國交和平之不合理舉動，無須多言，其事自明，請深切體認本意旨，公使到任之前多加戒惕謹慎，則外界紛紜之論，均將不攻自破。」〔註33〕

〔註31〕　（日）《大隈長官長崎ニテ大久保參議ヘ品川領事清官贈答二付柳原公使赴任云々往柬》，JCAHR：A03031124100。

〔註32〕　（日）《大隈長官長崎ニテ大久保參議ヘ品川領事清官贈答二付柳原公使赴任云々往柬》，JCAHR：A03031124100。

〔註33〕　（日）《大隈長官長崎ニテ大久保參議ヘ品川領事往復云々往柬》，JCAHR：A03031124000。

　　品川依照大隈重信的指示，向清政府傳達的消息是日本並不想破壞中日兩國的關係，近日將派遣柳原公使到中國。〔註34〕

　　儘管這樣，李鴻章還是上書總理衙門，提出對付日本出兵的具體建議：第一，促使美國從日軍撤回李仙得等美國人及美國籍船隻，如此才能迫使日本放棄侵臺。第二，認為雖然有柳原公使赴任的消息，但上海還沒送函來知會，僅有電文說日本派員往臺灣查問等語，文詞曖昧，所以李建議中國必須先發制人，先有無隙可乘的戒備，即中國先派水師船隻到臺灣各港口，如遇日本兵船入境，應即攔阻勿令其進港口上岸。查看福建水師提督李成謀寄來的臺灣全圖，琅嶠是南路生番居住地，後山海口大，可停泊船隻，該處本擬造炮臺，卻未建造，又未設官署，憂慮琅嶠無一防備。因此李鴻章向總署推薦船政大臣沈葆楨為專辦日軍侵臺事件負責人，因為「船政大臣管轄新造兵輪船，又係閩人情形熟悉」〔註35〕，可以與閩省將軍督府商討籌辦防海措施。接著第二天連續遞函總署，勸告其致函美國駐日公使，阻止美國人船幫助日本。〔註36〕總理衙門採納了李鴻章的建議，他們於當日即照會日本國外務省，詰問日本未經商議及知會而行兵徵發臺灣，並且聲明臺灣為中國領土，生番乃居住在中國版圖之內。〔註37〕

　　總理衙門向日本政府提出嚴正抗議及反對的同時，明確提出「臺灣土地為中國所轄的照會」，其內容如下：

　　　　照會事照得貴國與中國自換約以來，各盡講信修睦之道，彼此優禮相待，友誼日敦。上年貴副島大臣奉使來華與本王大臣諸事和商，情意頗洽，五月間副島大臣特遣隨員柳原翻譯官鄭來衙門面詢三事：一澳門是否中國管轄，抑由大西洋主張；一朝鮮諸凡政令是否由該國自主；一即臺灣生番戕害琉球人民之事，擬遣人赴生番處說話。各情本王大臣當於晤談時詳論，所詢原委嗣經貴國翻譯官鄭答覆。謂澳門地方恐須通商，不過詢問明晰為將來議辦張本。朝鮮

〔註34〕　（日）大隈重信：《大隈重信關係文書》第二卷，第315～316頁。
〔註35〕　李鴻章：《李文忠公全集》譯署函稿卷二，臺北，文海出版社，1968年版，第24頁。
〔註36〕　李鴻章：《李文忠公全集》譯署函稿卷二，第26頁。
〔註37〕　文慶等奉敕纂：《籌辦夷務始末》卷九三，臺北，國風出版社，1974年版，第29～30頁。

之事，冀望中國調停其間，可藉中國之力勸解。若臺灣生番地方只以遣人告知，嗣後日本人前往好爲相待，其意皆非爲用兵等語，足見邦交益固彼此均泯猜嫌。

迨貴副島大臣瀕行時握手言別，本王大臣曾向貴副島大臣覿面提及，嗣後須按照修好條規所稱，兩國所屬邦土不可稍有侵越。承副島大臣以固所甚願一言相答。

溯自副島大臣駐華多日，並未向本王大臣議及前詢三事，而本王大臣亦從無於條規外允有別事，彼此兩國當不致另有言外事端。惟現準各國駐京大臣均來向本王大臣告知貴國興兵前赴臺灣有事生番，並新聞紙所載及接到中國沿海各地方官申報，本年二月聞有貴國大戰船一隻寄泊廈港，擬借校場操兵，並據貴國帶兵官聲稱係自臺灣澎湖而來。查臺灣一隅僻處海島，其中生番人等向未繩以法律，故未設立郡縣，即禮記所云不易其俗、不易其宜之意，而地土實係中國之所屬。中國邊界地方似此生番種類者他省亦有，均在中國版圖之內，中國亦聽其從俗從宜而已。此次忽聞貴國欲興師前往臺灣，是否的確本王大臣未敢深信，倘貴國眞有是舉，何以未據先行議及其寄泊廈港兵船究欲辦理何事？希即見覆，是所深盼，爲此照會貴

外務省大臣查照可也。須至照會者，大日本國外務省大臣。同治十三年三月二十六日〔註38〕

　　雖然此照會於第二天便託雇用的英國人帶往日本，但因爲他在上海耽誤了約一個月的時間，所以中國政府的此次正式照會，於 6 月 4 日才到達日本國外務省。〔註39〕

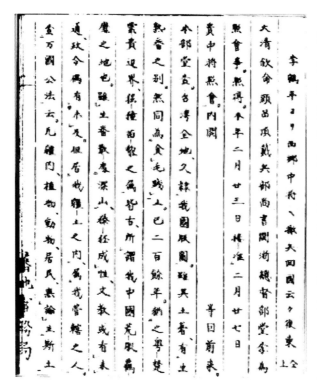

　　筆者通過研究認爲，一些研究者認爲「清政府官員既天眞又被動地等候著與柳原理論臺灣問題」〔註40〕，這樣的認知可能存在著誤區。清福建方面的官員在首先得知日本出兵的消息後馬上就提出了反對信件，清中央政府方面在得知日本出兵臺灣的確切消息後，馬上於 11 日即發出了反對照會。同日，閩浙總督李鶴年也發函給西鄉從道，要求其撤兵：

　　　　清欽命頭品頂戴兵部尚書閩浙總督部堂李爲照會事照得本年二月二十三日（公曆 4 月 9 日）接準二月二十七日（公曆 4 月 13 日）貴中將照會。內開等因前來。

　　本部堂查臺灣全地久隸我國版圖，雖其土著有生熟番之別，然同爲食毛踐土已二百餘年，猶之粵楚雲貴邊界猺獞苗黎之屬皆古所謂我中國荒服羈靡之地也。雖生番散處深山，獉狉成性，文教或有未通，

〔註38〕　（日）《清國總理衙門ヨリ外務省ヘ臺灣地土中國所轄云々照會附訳文》，JCAHR：A03031124300。

〔註39〕　（日）《處蕃提要》第四卷上，臺北國立中央圖書館臺灣分館藏，第 23～25 頁。

〔註40〕　趙國輝：《近代初期中日臺灣事件外交》，臺北：海峽學術出版社，2008 年，第 211 頁。

政令偶有未及，但居我疆土之內，屬我管轄之人。查萬國公法云，凡疆內植物動物居民無論生斯土者自外來者，按理皆當歸地方律法管轄。又載公法云，各國之屬物所在即為其土地。又云，各國屬地或由尋覓或由征服遷居，既經諸國立約認之，即使其間或有來歷不明之人皆以此為掌管，既久，他國即不應過問。又云各國自主其事，自任其責。據此各條則，臺灣為中國疆土，生番定歸中國隸屬，當以中國律法管轄，不得任聽別國越俎代謀。

茲貴中將照會以臺灣生番戕殺遭風難民，奉命率兵深入番地，殛其凶首以示懲戒，在生番迭逞悍暴，殺害無辜，即按以中國之法亦律所必誅。惟是臺灣全地素屬中國，貴國政府並未與總理衙門商允作何辦理，逕行命將，統兵前往，既與萬國公法違背，亦與同治十年所換和約內第一、第三兩條不合。然詳閱來文，先云招彼酋長，百般開導，使毋再踏前轍，後云雖云率兵前往，惟備土番抵抗，不得已稍示膺懲，是貴中將之意，但在懲辦首凶以杜後患，並非必欲用兵。所開兩案首凶，其備中州遭風難民，前由生番送出並未戕害一人，當經本部堂派員送滬交領事官送還，自枋僚至琅僑一帶，本部堂已飭令臺灣道委員建造隘僚，選舉隘丁隘首，遇有外國遭風船隻以便隨時救護，此後貴國商民來往該地，當不至有劫殺之患。去歲備中州難民並未被害即其明證，其琉球島即我屬國中山國疆土，該國世守外藩，甚為恭順，本部堂一視同仁，已嚴檄該地方官責成生番頭人，趕緊勒限交出首凶議抵。總之臺灣屬在中國，應由中國自辦，毋庸貴國代謀，各國公使俱在京師，必以本部堂為理直，應請貴中將撤兵回國，以符條約而固邦交可也。須至照會者，大日本陸軍中將兼陸軍大輔西鄉。

同治十三年三月二十六日（公曆 1874 年 5 月 11 日）〔註41〕

另外，李鴻章除了向總署推薦船政大臣沈葆楨外，又連續遞函總署，勸告其致函美國駐日公使，要求其撤回參與日軍行動的人員和船隻等，以阻止美國人船幫助日本。〔註42〕

〔註41〕 （日）《ビン浙總督李鶴年ヨリ西鄉都督ヘ撤兵四國云々復柬》，JCAHR：A03031124400。

〔註42〕 李鴻章：《李文忠公全集》譯署函稿卷二，第 26 頁。

　　臺灣方面早在三月份時就接到日本人水野遵及樺山資紀等進入琅嶠、柴城、牡丹社等地，並繪製地圖等情況。但他們決想不到日本會出兵臺灣。根據藤井志津枝的研究，臺灣道夏獻綸最先獲得日本侵臺的消息，也是來自外國人的通知：「同治十三年二月二十九日（四月十五日），臺灣道接到臺灣打狗關稅務司愛格爾（Henry Edgar）的信，接著又收到香港新報，內載日本國於二月十一日（三月二十八日），該國兵部奉天皇令，預備兵船，並調兵一萬五千名，要來臺灣伐蕃。」但夏獻綸並沒有什麼反應，主要原因首先是他不太相信日本能出兵臺灣；第二是上年剛剛救助了小田縣漂流民，日本還送禮表示感謝；第三是正忙於圍剿彰化的叛亂。

　　由於臺灣道夏獻綸遲緩的反應，甚至到了 5 月 24 日，日本登陸軍還認為臺灣方面似乎依然對此事渾然無覺：「清國官員確實仍不知我已對生蕃出兵，我兵士於琅橋屯營之報紙今甫到手。」〔註43〕事實上清政府及臺灣地方政府，早就知道此事，但其反應卻十分遲鈍。

小結

　　從上述內容來看，清政府上下雖於日本出兵二十天前就確切知道日本要出兵臺灣的消息，但其消息完全來自外國的通報，其真偽沒有辦法辨清，由於當時中國沒有公使駐在日本，故沒有馬上與日本方面交涉提出抗議來阻止日本出兵。另一方面，由於日本征韓論所引發的政爭，當時清政府認為日本可能對朝鮮有所窺視，對其欲吞併琉球的野心估計不足，故日本為琉球難民而征討臺灣，其與形勢及情理都不相合，更顯得事出突然。第三、副島種臣的大使柳原前光上年在總署所詢問三事，副島並沒有以書面的形勢向清政府進行通報，清一直認為是日本要求頭班謹見的說辭。第四、清政府與日本已經簽訂了修好條約，中日關係正平穩有序地向前發展中，此等出兵大事，日本不會不給中國知照，不與清政府商量就擅自出兵。第五、日本剛剛發生的「佐賀之亂」，其原因為「征韓」，臺灣似乎與此沒有任何的關係，似乎征臺缺少正當理由。第六、明治政府平定「佐賀之亂」，日本國內耗費極大，此時出兵似乎也很勉強。第七、琉球早就是中國的屬國，其與日本沒有什麼關係。第八、臺灣本是中國的領土，生番雖為化外之蠻民，但中國對邊疆少數民族

〔註43〕　（日）《處蕃提要》，第 202 頁。

多採取此種政策，但其領土其爲中國之地也是諸外國所認同的。基於以上種種原因，清政府及臺灣道似乎無法理解日本爲琉球民出兵臺灣，故反映有些遲緩。

第九章　日軍對原住民的殘殺及戰地談判

「有功丸」於 4 月 27 日從長崎出發後，並沒有直接發兵到臺灣，也沒有經停福州拜會閩浙總督當面交遞照會，而是採用迂迴的策略，於 5 月 3 日直接抵達廈門。翌日，拜訪廈門同知李鍾霖，並請他向中國福建總督李鶴年轉送西鄉都督的書信。福島九成並未等李鶴年回復，大兵於 5 日下午六點出發直接開往臺灣。

一、日軍登陸後對原住民的殘殺

5 月 6 日下午七點左右，福島久成率先頭部隊到達臺灣琅嶠港。7 日，派翻譯官邀請社寮頭目綿仔到船中，與克沙勒一起瞭解當地人的實際情況，之後福島率眾上岸巡視各處並紮營於海岸。7 日，雇用五百多人開始挖掘壕溝及建構堡壘等，在幾天時間裏完成十五餘丁的軍事工事。

10 日上午，明光丸、日新艦抵達，與日軍先頭部隊會合。12 日任命車城人林海國為執策。13 號，孟春艦、三國丸抵港。14 日，任命車城人林元竹為軍營掌旗官。

日軍在沒有任何軍事行動的前提下，已經控制了北起風港南至大樹房的全部地區。福島又與美國人克沙勒及華生，共同拜會生番界內的綱社詹姆金，並在其家中招待社貓狸頭人伊薩及豬勞束頭人文傑（此人乃卓其篤之子），商量臨時條約，並同意逐次對卑南牡丹社進行征討之事。〔註1〕

〔註1〕（日）《福島參謀ヨリ大隈長官へ兵艦琅キョウ著港土情並別紙筆話其他書類回付來束附筆話傍訓》，JCAHR：A03031125000。

在日軍安頓下來後，有英國艦船爲查看日軍動向而抵琅嶠港，發現了大量琅嶠屬於清政府管轄的各種證據，最令福島九成擔心：「惟九成暗自憂心者，琅嶠大約於清朝乾隆時代由中國人開始著手開墾，當時有很多中國人，連其死者的墓碑都刻以清朝年號，尤其是車城南門有道光年間建築的字樣，而在鳳山縣，也有任用當地的土人（即山地人）爲經理或生員等的情況」。〔註2〕

雖然當地屬於中國的證據十分確鑿，但福島並不甘心，仍然固執地收集清政府政教不及琅嶠的證據。他召集當地人進行交流來獲取情報，並有意識地誘導他們承認番地非清政府管轄，並將其做成口述筆錄。他在購買或租借土地時問道：「在枋僚清國官人姓郭，未知此地田園有租稅嗎？此田園是你們的，不是臺灣府的吧？」〔註3〕「我要買本地數頃田園建築軍營，未知此地是本地人民自行開拓領有的，還是臺灣府的？」〔註4〕還在 5 月 16 日寫給大隈長官的信中堅持錯誤立場，向日本政府提供符合「番地非中國所屬」目標的證據。

福島還利用當地人對生番十八社的矛盾，利用當地的熟番來對付生番，並向他們發出信函表明態度：「前年二次我國邊民遇颶，破船漂到生蕃牡丹社，土人剝奪其衣財，戕害其性命，我大皇赫然震怒，敕我輩率兵艦數艘，來問其罪。雖然我輩之意，非悉剿絕生蕃十八社，要降者撫之，敵者殺之。你們能體此意，竭智盡力爲我先導到那地，則他日成功之後，我必重報謝你們。今我鎭營則是居民田園，我固不要蕪之荒之，使居民失利，近日將移營於他地，而其園稅則當商議，以酬之。若其墳墓，則我不敢毀傷。且數日前你們見我通事，以陳述事情，我通事漠然不言，勃然發怒，是唯依東西異音言語有所不通耳，你們毋敢疑懼。抑我輩之來襲，禁生蕃之暴，除人民之害，使我漂到之人，免喪財失命之慘，而你們亦得莫大之利也，你們宜寬心領之。」〔註5〕

而當地人曾經受到牡丹番的欺凌，「我弊莊，人丁稀少，每受牡丹番欺凌，

〔註2〕 （日）《福島參謀ヨリ大隈長官ヘ兵艦琅キョウ著港土情並別紙筆話其他書類回付來柬附筆話傍訓》，JCAHR：A03031125000。

〔註3〕 （日）《大日本外交文書》第七卷，第 223 頁。

〔註4〕 （日）《大日本外交文書》第七卷，第 224 頁。

〔註5〕 （日）《福島參謀ヨリ大隈長官ヘ兵艦琅キョウ著港土情並別紙筆話其他書類回付來柬附筆話傍訓》，JCAHR：A03031125000。

無處可投。」〔註6〕所以從感情上來講，很希望能有人替他們懲罰敵手，加之當時臺灣島與中國大陸距離遙遠，民間和政府間的溝通比較少，普通百姓不可能擁有今天的國家觀和民族意識，所以，無論什麼人只要能為自己提供安全和利益，都不會被拒絕，甚至會欣喜萬分，對其表示感謝。「幸貴國大兵前來征滅，我等莊眾甚喜。但弊莊近山迫海，前年劉鎮臺亦要來征誅，喚我莊人採收路關，豈知路徑已他收乎，並無與牡丹番交戰。收兵回府，致使弊莊已他致恨，今聞貴國欲往剿滅，弊莊等十分喜悅」。〔註7〕

福島借勢便進行宣傳，「王師討有罪者殺之伏之撫之，你們勿以疑懼」，「征牡丹番人之聖意者，不獨問殺我國人之罪，要使你全島生民，及各州之行旅，長免此患害耳。」〔註8〕並動員當地番人幫助日本軍隊，「你如欲此舉，乃要東西一齊，同心協力，隨我軍征討牡丹生番，如果這樣，明日同我們，到社僚本營，述你助勢之意可也。」〔註9〕

福島的此文中還有非常值得注意的筆錄，即琅嶠總理林明國同生員廖周貞前往日營筆話。福島將率兵來此的理由，解釋成本國國民被殺，要求番地人幫助日本進行征伐戰爭。廖周貞不知其詳，探聽日本人的真正來意，表示願意執行自己的職責，代替政府處理生番內的事務。〔註10〕福島做出一副體恤當地人民的姿態，「我到此地，唯怕多少兵士恣赫本地人民，嚴禁眾兵，不敢無人田園驅人家畜，你們更勿疑之，若有事不協本地人心等事，就來商議可也。」〔註11〕

廖周貞不知道福島真意，便願意聽從副島之命，「宜應預知其大人所囑咐之事，我們應當糾集各莊頭人民，商議聽大人取裁。」〔註12〕於是福島誘其

〔註6〕　（日）《福島參謀ヨリ大隈長官ヘ兵艦琅キョウ著港土情並別紙筆話其他書類回付來東附筆話傍訓》，JCAHR：A03031125000。

〔註7〕　（日）《福島參謀ヨリ大隈長官ヘ兵艦琅キョウ著港土情並別紙筆話其他書類回付來東附筆話傍訓》，JCAHR：A03031125000。

〔註8〕　（日）《福島參謀ヨリ大隈長官ヘ兵艦琅キョウ著港土情並別紙筆話其他書類回付來東附筆話傍訓》，JCAHR：A03031125000。

〔註9〕　（日）《福島參謀ヨリ大隈長官ヘ兵艦琅キョウ著港土情並別紙筆話其他書類回付來東附筆話傍訓》，JCAHR：A03031125000。

〔註10〕　（日）《福島參謀ヨリ大隈長官ヘ兵艦琅キョウ著港土情並別紙筆話其他書類回付來東附筆話傍訓》，JCAHR：A03031125000。

〔註11〕　（日）《福島參謀ヨリ大隈長官ヘ兵艦琅キョウ著港土情並別紙筆話其他書類回付來東附筆話傍訓》，JCAHR：A03031125000。

〔註12〕　（日）《福島參謀ヨリ大隈長官ヘ兵艦琅キョウ著港土情並別紙筆話其他書類回付來東附筆話傍訓》，JCAHR：A03031125000。

說出土地非中國所屬的言證，「我要買本地數頃田園築軍營，未知此地是本地人民自開領之，或是臺灣府之，如是本地人民所有的地，即與你們面議買之可也。」〔註13〕廖的回答當然是日本預料之中的，「此田園乃是本地人民自開墾，並無借約，可同園主直接買賣。」〔註14〕另外廖周貞還介紹了土地開墾的實際情況，但是也道出了中國征稅的方式。

清朝統治臺灣時期，行政管轄是以土地開墾和當地人的漢化為基礎逐漸向山地推移的，清政府對臺灣的管轄，是隨著土地開墾不斷推進的，生番演變成熟番，再逐漸設置官府，派駐官員，而且政府主要是以開墾主來主持諸如稅收等一般性事務的。一般從事開墾的居民，未必瞭解上層統治的具體方式，不僅是臺灣，就連內地統治者和下層民眾也少有直接聯繫。而當時居民出賣土地，注意的主要是價錢是否合理，恐怕沒有人知道土地也會與國家、民族以及國際關係具有某種聯繫。而廖周貞作為普通的「生員」，就是一般的番地基層統治人員，其本身就說明清政府對番地的統治，但由於清政府並不向生番人等征稅，稅收主要是通過園主繳納，其他人並不清楚此事原委，生員也無法述說清楚。但此情況卻被副島歪曲地利用為「番地非中國所屬」的證據。因此福島以此為證明臺灣番地不歸中國政府管轄的說法，實在有些牽強，只能說是為出兵臺灣尋找藉口罷了。

當地人實際上並不知道日軍出兵臺灣的目的，在福島、克沙勒及華生的努力下，在當時借用了約九萬多坪的土地來建設軍營。

22日，西鄉從道隨高砂、社寮及孟春艦抵達臺灣，次日開始對臺灣生番的討伐。日本人對臺灣番人情況不瞭解，沒有辦法區別生番與熟番，所以凡是形跡可疑之人，一切按軍律處置，引起當地番人不滿，當日引發番人的襲擊：「出兵四重溪邊收繳武器，完成準備後，於一時左右經過山邊時，見兩山壁立之間有溪流，遂指揮征集兵第六小隊左半隊涉溪前進，其間正欲射擊以探虛實時，蕃賊於左峰林間集結，突然發動狙擊，又由右峰岩石堆中開槍，故立即開槍還擊，並跑到第四小隊第一分隊，散開於兩側開槍激戰約一小時，其間蕃賊有潛逃趨勢，便乘勢追擊，終於捕獲首級武器，並進行搜索，但蕃

〔註13〕 （日）《福島參謀ヨリ大隈長官ヘ兵艦琅キョウ著港土情並別紙筆話其他書類回付來柬附筆話傍訓》，JCAHR：A03031125000。

〔註14〕 （日）《福島參謀ヨリ大隈長官ヘ兵艦琅キョウ著港土情並別紙筆話其他書類回付來柬附筆話傍訓》，JCAHR：A03031125000。

賊已悉數逃逸，不見蹤迹。故分別於前後實施警戒，依序撤退，死傷名單如附件，特此陳報。」〔註15〕

西鄉爲了儘快剿平生番，採取極爲殘暴的鎮壓手段，雙方損失慘重：「派遣一小隊至潘源豐附近各村，正午過後，甫至牡丹人堡壘地，對方馬上開火而展開戰鬥，征集兵本隊二分隊及其他士兵齊由正面進攻，此時下士官、兵卒死傷四名，其餘半隊一分爲二，分別攀登左右山頂，正圖摧毀敵方堡壘時，彼等已有自堡壘撤退之意，正面之各兵立即趁機進入奪取堡壘，信號軍官一名率本隊松永少尉率領分隊前進放火燒屋，松永少尉再次率兵前進，再放火燒屋。」〔註16〕

西鄉還派出日進號船來測量番地附近海岸地形，同時，責令克沙勒等人，與琅嶠附近的酋長進行談判，但番人酋長不爲所動，且連日天雨，西鄉恐軍營發生水患，打算轉移兵營至離牡丹社更近些的四重溪口處。但18日突遇意外狙擊，21日亦遭受埋伏狙擊。日軍認爲重溪口周邊三村落番人行爲可疑，爲偵查並收繳其兵器，22日派遣二百人的軍隊，前往沒收番人的兵器，以圖日後之攻擊行動順利。但在石門之要害處，遇到原住民頻頻發動的狙擊，經過二小時的激戰，打死十四名原住民，其他人等被迫敗走。〔註17〕

由於石門之戰日本的殘暴，殺死原住民三十多人，其中某社酋長及兒子被殺死，使生熟兩番都極爲恐懼。加之克沙勒等人的游說，生番十八社中豬勞束的酋長卓其篤、小麻里的酋長伊薩、蚊蟀的酋長卡露特艾、龍眼蘭的酋長皮那萊、加釣來的酋長朱雷等六社，透過社僚酋長彌亞向日軍進獻牛、雞等物品要求歸順。

6月1日，日軍軍議決定兵分三路，亦即以石門爲中間，左自風港，右自竹社，同時進攻牡丹社。西鄉親自任總指揮，率領「第六番小隊篠崎指揮副長率九十一人爲前軍，熊本鎮臺步兵十九大隊第四番小隊小島上尉率九十二人爲中軍，同砲兵三番隊今津中尉率四十九人爲後軍，信號軍官第一組合松尾上尉率九人，同第二組合橫田大尉率三十二人爲遊軍，會計部中澤軍吏副率六人掌理糧餉，武庫司中馬國盛率三人掌管彈藥，工兵部原田榮率工兵二

〔註15〕　（日）《西鄉都督ヨリ雙溪口戰狀屆書》，JCAHR：A03031125400。
〔註16〕　（日）《谷赤松兩參軍琅キョウヨリ蕃地形況屆書》，JCAHR：A03031125500。
〔註17〕　（日）《西鄉都督ヨリ大隈長官ヘ石門一戰後諸酋長來降云々來束》，JCAHR：A03031126200。

十人隨行，鎮臺兵小隊松永少尉率四十四人護衛輜重，前軍一隊由保力莊人鍾戊郎、徐錦向導首先出發，清晨六點近衛軍官川上上尉、比志島上尉、川邊少尉、福崎少尉、參謀部古海海軍中秘書、福島少秘書、地方事務課安藤定、淺田六郎等十餘人隨從，率領中軍、遊軍自本營出發。」〔註18〕截止到30 日，日軍共與牡丹社人交戰三次，日軍死亡四人，負傷十二人，但牡丹社方面損失慘重，僅 22 日一戰，就有 12 人死亡。之後，西鄉 6 月 7 日向蕃地事務長官大隈重信報告，臺灣番地已經基本平定，並在此地休整養兵，開墾山野，並請求派遣谷干城、樺山資紀到臺灣瞭解實地情況，再派遣赤松則良，神島九成赴北京以爲柳原之謀士。〔註19〕

二、西鄉從道在戰地與清官員的談判

闆浙總督李鶴年於 5 月 8 日從廈門同知李鍾霖處收到西鄉的照會〔註20〕，馬上於 5 月 11 日即聲明要求西鄉立刻照約撤兵。李鶴年的照會是日本收到的清政府要求日軍撤退的第一次正式聲明。此照會書援引公法書而寫成，強調既是屬地無論生熟番人及一切對象皆歸中國所屬，所以生番自然也是中國屬民，屬民的處罰當然按照中國律法，由中國獨立來處理，日本毫無權利自作主張出兵治罪。李鶴年以此爲據，要求西鄉從臺灣撤兵。照會中除主張臺灣全島都歸中國所屬外，還譴責日本違約侵犯中國版圖，聲明此事件由中國本身辦理，與日本無關，日本出兵懲罰更無道理。日本政府爲駁倒此主張，立即命令翻譯局迅速翻譯肯特的萬國公法，晝夜兼程送給番地事務局長官。〔註21〕

李鶴年的照會雖是清政府第一份要求撤軍的聲明照會，但交到日本軍手裏，已經很晚。在沈葆楨未到臺灣之前，日本 1323 人〔註22〕的大軍登陸臺灣，並租用大片土地，修築軍營，並對生番進行討伐等重大事件發生，臺灣府方面沒有任何動作。直到日本準備大規模出擊牡丹社之時，臺灣府方面才於 5月 21 日，由臺灣道派安平協副將周振邦、署臺防同知傅有禮和準補歸化縣知

〔註18〕 （日）《西鄉都督ヨリ石門竹社風港三口進擊屆書》，JCAHR：A03031127200。
〔註19〕 （日）《西鄉都督ヨリ大隈長官へ蕃地處分略定云々來柬》，JCAHR：A03031127300。
〔註20〕 （日）《處蕃類纂》第七卷，第 58～59 頁。
〔註21〕 （日）《東アジア近代史》第二號，第 8 頁。
〔註22〕 （日）《微蕃兵隊長崎解纜云々上申》，JCAHR：A03031125600。

縣吳本傑會同揚武輪船管駕官參將貝錦泉，赴琅嶠社僚港約見日方將領進行理論。

5月22日，臺灣府一行人等抵達社僚港，當時西鄉從道乘高沙丸兵船已經進入社僚港。周振邦等即赴高沙丸要求會見西鄉從道，但西鄉卻託詞不見，他們只好先將李鶴年的要求撤兵的照會交給日軍。〔註23〕

5月23日，周振邦等又託英國人法樂前去詢問，西鄉從道顧忌英國，才答應在日本兵營會見周振邦等一行人。當時西鄉率二百餘人列隊迎接周振邦。周向西鄉詢問是否收到李鶴年的照會，西鄉答覆已經收到，便詢問有無回文。西鄉辯稱需等待日本公使從北京發來信函，方回復總督照會。〔註24〕這樣西鄉將撤兵一事完全推脫給在清的日方官員，以便自己在臺灣的征討行動。他用酒菜招待周等，根本不再提及此事，周也因無法與之交涉退兵事宜，只好悻悻而歸，雙方並未能形成正式會談。

而在5月22日，日本駐廈門領事福島九成同書記官吳碩面見臺灣道夏獻綸，夏獻綸質問道：琅嶠係中國管轄，何議無故動兵？福島狡辯說：前年琉球島人遭風，被生番殺害多命，及上年備中州民四名遭風，被其搶劫，欲將生番稍示懲警，不敢擾害中國地方，上年又使臣到京，曾對總理衙門說過，以生番非中國所管，故而前來。聽聞此種說辭，夏當即予以反駁說：琅嶠係隸中國版圖，確為憑據，既有生番滋事，應移中國地方官吏辦理，日本不應擅自出兵。此時的福島並無心進行辯解，只是推辭說：此事伊等作不得主意，須俟西鄉裁奪，尚有使臣柳原前光已赴北京與總理衙門專論此事。〔註25〕

夏獻綸極力想討論出兵理由，但被福島婉言拒絕，並推給了柳原。副島因曾在《臺灣府志》上發現過琅嶠為中國政府管轄地的記載，因此他揭力避免提及琅嶠，而使用番地一詞。福島登陸之後日本再也不用琅嶠地名，而刻意使用「蕃地、生蕃、熟蕃」等用語。〔註26〕清官員並不瞭解此語的真正用意，當然不以為然，附和著日方稱「番地」一詞，無意中給日方增添了一個中國認可其地非中國所屬的口實。為此，西鄉稱讚副島：「善用花言巧語，使臺灣府糊塗，苟且偷安。」〔註27〕

〔註23〕《甲戌公牘鈔存》，第29～30頁。
〔註24〕《甲戌公牘鈔存》，第29～30頁。
〔註25〕《甲戌公牘鈔存》，第31～32頁。
〔註26〕（日）《大日本外交文書》第七卷，第97頁。
〔註27〕（日）《大隈重信關係文書》第二卷，第352～353頁。

　　而閩浙總督李鶴年苦苦等待日本的回覆照會，但始終沒有得到日方的照會，只好又在 6 月 2 日，發出了第二次撤兵的照會，並於翌日交由福建鹽運使陸心源，轉交給日本品川領事，而品川又將此轉交給柳原。〔註 28〕

　　後來臺灣府認為此照會書有些不妥，主要是「六年間合眾國「羅妹」商船遭風被琅𪩘生番戕害一案，前臺灣鎮劉明燈、前臺灣道吳大廷，曾有『琅𪩘不隸版圖，為王化所不及』之奏。前憲臺吳、撫憲李，亦即據以告，劉前鎮、吳前道等，並以此言照會合眾國領事李讓禮，及該國水師總兵官費來日。原文兩件，抄呈察閱。現李讓禮為日本主謀，彼如籍前說以為執憑，恐反添枝節。其二是，雖然在臺灣南北兩路設立理番同知專管番務，但實際上久未舉行。其三是，臺灣鎮道報告說琅𪩘十八社年完餉二十兩有奇，但後來又有五十一兩等報告送到臺灣府，因此臺灣府當局只好坦白地承認不知實情。」〔註 29〕

　　李鶴年自己似乎也並無太大信心，但因為中央政府已有命令：「若謂該國僅與生番尋仇，未擾腹地，遂聽其蠻觸相爭，必為外國所輕視，更生覬覦。釁端故不可開，體制更不可失。該督惟當按約理論，阻令回兵，以敦和好，不得以藩地異於腹地，遂聽其肆意妄為也。」〔註 30〕所以他也不得不做出一定的反應，即在日軍不干擾其他地方的情況下，以條約為根據，要求日本撤兵。

　　沈葆楨方面接受臺灣府的意見，不提自己認為不妥之處，以日軍攻破牡丹社已顯示膺懲番人為由，要求日軍撤退。〔註 31〕

　　清政府最初是以歷史和國際法為根據主張臺灣東部的主權，從而要求日本撤兵，但由於自己在此方面信心不足，加之日本聲稱本國出兵是為三項目標，於是此後中方的外交目標就隨之發生了改變，開始為了滿足日本的三項條件的目標而奔波。其實這並非中國官員的做法有何不妥，而是因為中國方面事先並無明確和固定的目標，缺乏對國際法的充分瞭解，用其維護本國利益則更是奢望，所以很容易被對方所左右，而一旦自己喪失信心，更容易退縮和做無原則地讓步。

〔註 28〕　（日）《大日本外交文書》第七卷，第 101～103 頁。
〔註 29〕　《甲戌公牘鈔存》第 65 頁。
〔註 30〕　文慶等奉敕纂：《籌辦夷務始末》卷九三，第 45 頁。
〔註 31〕　《甲戌公牘鈔存》第 74～75 頁。

　　6 月 21 日，沈葆楨命幫辦潘蔚携夏獻綸帶同隨員張斯桂及日意格、斯恭塞格等持他的照會和柳原公使信函，乘艦於 6 月 22 日上午，到龜山日本軍營，面晤西鄉從道與之談判。沈葆楨給西鄉的照會篇幅較長，但立場很鮮明透徹。

　　沈葆楨明確地表示臺灣番地自古即爲中國領土，「生番土地，隸中國者二百餘年，雖其人頑蠢無知，究係天生赤子」，並闡述了中國政府對當地人的治理方式，「朝廷不忍遽繩以法，欲其漸人摩義，默化潛移，由生番而成熟番，由熟番而成土庶。所以仰體仁愛之天心也。」至於殺人者死，律令上有明文規定，即使是生番當然也不能放縱。但是「此乃中國分內應辦之事，不當轉煩他國勞師糜餉而來」，此次「貴中將忽然以船載兵，由不通商之琅嶠登岸，臺民惶恐，謂不知開罪何端，使貴國置和約於不顧。」〔註32〕

　　沈葆楨一針見血地指出日本這是違反和約的行動，不僅中國作爲受害國爲之愕然，即使是「西洋曾經換約各國，亦群以爲駭人聽聞」。對於日本所藉口的琉球難民事件，更是無法立足，因爲「無論琉球雖弱，亦儼然一國，盡可自鳴不平。即貴國專意恤憐，亦何妨照會總理衙門商辦。倘中國袒護生番，以不懲辦回復，抑以兵力不及，籍助貴國，則貴國甚爲有詞」，何況「積累年之舊案，而不能待數日之迴文，此中曲直是非，想亦難逃洞鑒。」〔註33〕

　　沈葆楨的分析，明確指出日本出兵無據，是無視中國領土主權的侵犯行爲，完全違背兩國及國際間的和約精神。沈葆楨對日本的違約背信行爲恰當而準確地揭露和批判之後，根據潘蔚與柳原的談判結果，對今後的處理提出自己的意見，「今牡丹社已殘毀矣，而又不波及無辜之高士佛等社。來文所稱殛其凶首者謂何也？所稱攻其心者謂何也？幫辦潘布政使自上海面晤貴國柳原公使，已商允退兵，以爲必非虛語」，〔註34〕希望西鄉及時撤兵回國。

　　但是西鄉軍隊卻「仍紮營牡丹社，且有將攻卑南社之謠」。對於日軍的此種意圖，沈葆楨覺得是恩將仇報的做法，讓人難以理解。「牡丹社戕害琉球難民者也，卑南社救貴國難民者也，相去奚啻霄壤？以德爲怨，想貴中將必不其然」，沈葆楨同時認爲卑南日本人被劫之事未必屬實，如果對其用兵有違常理，因爲「梟水逃生，何有餘資可劫？天下有劫人之財，肯養其人數月不受值者耶？」況且「貴國謝函具在，並未涉及劫掠一言。貴國所賞之陳安生，

〔註32〕《甲戌公牘鈔存》，第 75 頁。
〔註33〕《甲戌公牘鈔存》，第 75 頁。
〔註34〕《甲戌公牘鈔存》，第 75 頁。

即卑南社生番頭目也；所賞之人，即所誅之人。貴國未必有此政體。」〔註35〕

　　沈葆楨還擺出日本繼續使用武力進攻的害處，「或謂貴國方耀武功，天理不足畏，人言不足恤；然以積年精鍊之良將勁兵，逞志於蠢蠢無知之生番，似未足以示武。即操全勝之勢，亦必有所殺傷。生番即不見憐，貴國之人民亦不足惜耶？」〔註36〕如果對卑南社實施進攻，可以說是無功傷民之舉。

　　最後沈葆楨也對日本可能存有的領土企圖給以堅決的回擊。他說：「或謂貴國既波及無辜各社，可知意不在復仇。無論中國版圖尺寸不敢以予人，即通商諸邦，豈甘心貴國獨享其利？日來南風司令，琅嶠口岸資糧轉運益難。中國與貴國和誼，載在盟府，永矢弗援。」〔註 37〕沈葆楨明確表明不僅中國守土意志堅定，就連外國也不會熟視無濱，更有後勤補給的困難，還要承擔破壞中日和好的責任。

　　西鄉對於沈葆楨的照會，沒有表達意見，更沒有與潘蔚就此進行深入議論。潘蔚在獲悉西鄉尚未收到柳原關於談判結果的情況後，將自己帶來的、自己與日本公使會面文書，即柳原公使致中國沈欽差之文書，交給西鄉閱覽，其內容如下：

　　　　明治四年十一月間，八重山島人民，遇風漂流至生蕃牡丹社鄉內，被該土人掠奪衣物，殺死五十四名。又於八年三月，小田縣民四名，漂至生蕃卑南之地，亦被酷虐剝衣奪財已甚，幸脫一死，救養於熟蕃陳安生家，然被土人作踐，欲自經者再三，後送至鳳山縣，得蒙貴國官長救恤，送還本國，我朝感德奚窮。當時經由駐滬領事，贈物酬勞陳李兩人，及難民到滬日，並具不腆之物，稱謝護送員役，特所恨者，蠢彼蕃人，殺難民如麋鹿，盜財物為生業，而脫然於化外。凡數百年於茲，夫殺人償命，盜物受罰，萬國通典，為君上者，不可一日忽諸，況我國境，與該蕃地一葦可航。方今東西，海泊旁午，該地蕃此蠻種，嗜殺行劫，深堪憂慮，若不即事下手懲辦，後患何極，此我朝之所以斷然舉行，而從前英美二國，亦有此舉，非創見也。故我欽差頭等全權大臣，去年在天津換約後，進京議覲之際，派本大臣至總署，告明遣使問罪之意。今西鄉中將發遣陸軍之

〔註35〕《甲戌公牘鈔存》，第 75 頁。
〔註36〕《甲戌公牘鈔存》，第 75 頁。
〔註37〕《甲戌公牘鈔存》，第 75 頁。

時，特送公文知照浙閩各臺，然後經由水路，直至蕃地，慎防兵丁
滋生事端。凡此俱出保存兩國和好之衷，並非有他意也。茲聞陽曆
五月十八日，即貴國四月初三日，我兵已與生蕃交鋒，至十九、二
十二等日，互有殺傷等語，此事經於日前收到西鄉來信，已知本因
生蕃伏於箐間，狙擊我兵之入牡丹社爲斥候者而起。理所當然，本
大臣以不肖辱蒙簡拔此來，無非我朝保存兩國和好爲重。於十日前
到滬得晤沈道臺，即悉貴國總署特發公文，寄我國外務省，又經浙
閩制臺給西鄉以回文云，生蕃亦屬清國之民，即有殺人之罪，應憑
中國查辦，不必日本代謀，故須西鄉退兵回國等。本大臣因思，我
師既出交鋒，況西鄉奉君命，豈肯輕退，我朝經已布告通國，誓其
保民之義，何可中止，恐貴國未熟悉我情，故有是言。旋據西鄉信
云，五月二十三日，有中國兵船到琅嶠，其兵官傅以禮、周振邦、
吳本傑三名，來索李制臺前送回文之照覆。本中將答云，我奉軍權
行事而已，如其交涉兩國和好辦論事宜，請與全權公使柳原協議可
也等語。本大臣亦聞沈船政大臣，已奉欽差，查辦臺灣生蕃事務，
應與西鄉談論一切，忽遇閣下奉旨，回閩幫辦沈欽差大臣，顧本大
臣承下問曰：貴國此次臺灣之行今既如此，惟此生蕃原有三十六社，
未知西鄉欲向何社生蕃問罪，究竟作何結局？故本大臣，陳以我民
被害情由，並據西鄉奉敕限辦三事，答曰：

第一捕前殺害我民者誅之；

第二抗抵我兵爲敵者殺之；

第三蕃俗反復難制，須立嚴約，定使永遠誓不剽殺難民之策。

　此本大臣耑請閣下到閩，會同沈欽差大臣辦理，言歸兩國和好，
是所切望，本大臣幸獲剖心吐赤，惟閣下宏度容納焉，如有矩教，
敢效駑力，和衷酌辦以爲兩國愈敦和睦之地。謹啓。〔註38〕

　柳原在此信中完全沒有透露出日本欲殖民臺灣番地的目的，僅強調爲保
其民而問罪生番並希望立約發誓之目的。而潘蔚不知道內情，認爲已經懲罰
了牡丹社，日本應退兵，並講述了自己來臺的辛苦過程來求得同情：「此次前
來拜訪貴所，係因我政府完全不知貴軍登陸臺灣之事，直至四月初旬，始有

〔註38〕　（日）《柳原全權公使ヨリ福建布政使潘イへ往柬》，JCAHR：A03031127600。

聞及，故政府立即指派沈欽差及本人與四月十二日（清曆）搭輪船自北京出發，二十二日抵上海港，於該所與貴國公使柳原前光大臣兩次會晤，獲悉貴中將已出發赴本地，因事態緊急，本人便火速出發，尤其因長途滯留船中，致長出如此腫瘤（手指臉部側面之小瘡）。此次閣下出發之事，若先行告知，我方不論何事必當協辦，惟閣下並無交涉，致延宕至今始來拜訪」。〔註39〕

此段開場說明中，表明中國政府聽到日本出兵的消息，即迅速派出官員著手辦理，自己也絲毫未曾懈怠，一路疾行，在上海見過柳原日本公使後，日夜兼程趕赴此地。並指出日本此次行動的不當，並且表示中國對於此類事情肯定會知情必辦。

西鄉讀完上述文書後，潘蔚又詢問日軍來此地一路的經過情況，西鄉則歪曲事實的辯解說：「本國出發前已先與福州總督詳細交涉，諒已知悉」。〔註40〕正如前述，日本出兵之時，作為先行軍官的福島，只將日本事先寫好的照會，遞給了廈門的一個同知，並未與住在福州的閩浙總督李鶴年會面，更無須詳細交涉了。面對潘蔚關於日本出兵的目的的詢問，西鄉解釋道：「去年副島外務大臣前往北京時，曾於貴國交涉去年我國民遭生番殺害剽掠事宜，其後一年之間，貴國全無任何音信，故此次奉我政府之命，前來此地問罪。」〔註41〕此回答中又將副島上年獲取口實的行為搬出，並將其說成是和中方進行了溝通的交涉活動。而且頑固堅持琉球國為日本所屬的片面決定，並指責中國在長達一年的時間，仍未給日本滿意的處理結果，所以日本應該理直氣壯地獨立處理此事，可以前來此地興兵問罪。

潘蔚覺得此次日本的目的似乎與李仙得相同，即是處罰殺害難民的番民，因此也應該採取前次的配合行動，協助日本人完成處罰即可，於是便向西鄉詢問日本的具體要求，「牡丹社之事若閣下有所請求，我方當全力處理。不知閣下將如何處置？對加害者悉數加以逮捕？捕獲兇手後就地解決？帶回國內處置？抑或要求賠償金？尚請告知」。〔註42〕

〔註39〕 （日）《往七第一號西鄉都督ヨリ大隈長官ヘ清官來蕃二付應接手續其他數件來束》，JCAHR：A03031129400。

〔註40〕 （日）《往七第一號西鄉都督ヨリ大隈長官ヘ清官來蕃二付應接手續其他數件來束》，JCAHR：A03031129400。

〔註41〕 （日）《往七第一號西鄉都督ヨリ大隈長官ヘ清官來蕃二付應接手續其他數件來束》，JCAHR：A03031129400。

〔註42〕 （日）《往七第一號西鄉都督ヨリ大隈長官ヘ清官來蕃二付應接手續其他數件來束》，JCAHR：A03031129400。

　　對於清官員近乎獻媚的徵詢，西鄉擺出盛氣凌人的架勢，故弄玄虛地說：「在本地處置即可，但最終之處分方式尚未制定」，其實是不向中國通報自己行動的計劃，讓中國無法預測日本的行動取向，將行動的主動權操持在自己手裏。接下來西鄉又將武力衝突的責任推給當地的番民，「先前抵達本地之際，因船艦因素並未著手處分，其間眾士兵於附近散步，不料行至四重溪附近時竟遭生蕃槍殺，故不得不加以攻擊」，而且為自己今後的行動預設了藉口，「牡丹、龜仔滑等蕃人雖逃散潛入山林，但仍陸續自林中以步槍對巡邏士兵射擊。」〔註43〕似乎如此一來，日本今後便可繼續實施軍事行動。

　　潘蔚無法揣測到西鄉的此種心理和行動動機，甚至還覺得作為臺灣的統治者，應該在日本軍隊面臨棘手難辦事情時，伸出援手，幫助完成抓捕罪犯的義務。他便熱情地說：「果若如此，想必閣下亦無法立即處分。我等也因此事特奉政府之命前來，臺灣素為我支配之地，故提議由我代替貴國執行處分，逮捕兇手送交貴軍。閣下對上述潛入山林之番人動用軍隊圍捕，彼等勢必更為驚恐不敢現身，故由我等設法誘捕送辦如何？」〔註44〕

　　西鄉對於潘蔚表示的友好並不以為然，並堅決給予否定：「不敢勞駕。我等歷盡萬難雖已於此地著手處分，預計不久即可完事。」〔註45〕在西鄉出兵之前，日本已經充分計劃好各種應對策略，此時中國的表態，無論是示好也罷，還是爭取主權也罷，日本都不會接受和退讓。

　　對於西鄉的斷然拒絕，潘蔚為難的述說自己的職責，「但我等亦因此事特別奉派出京，故擬於西鄉大臣仔細討論有關貴國處分番地之意向，且擬討論與柳原公使於上海應接時第三條所謂制定本地未來之規則一事。」〔註46〕西鄉根本對其所說置之不理，斷然回絕道：「不知其事」，並推託「余只知盡力完成聖上敕令」，至於「與貴國應接等事宜，一切由柳原公使交涉」，還故作同情地說：「貴國有事談判，請向北京報告後，與當地柳原公使談判，屆時請

〔註43〕（日）《往七第一號西鄉都督ヨリ大隈長官ヘ清官來蕃二付応接手続其他數件來束》，JCAHR：A03031129400。

〔註44〕（日）《往七第一號西鄉都督ヨリ大隈長官ヘ清官來蕃二付応接手続其他數件來束》，JCAHR：A03031129400。

〔註45〕（日）《往七第一號西鄉都督ヨリ大隈長官ヘ清官來蕃二付応接手続其他數件來束》，JCAHR：A03031129400。

〔註46〕（日）《往七第一號西鄉都督ヨリ大隈長官ヘ清官來蕃二付応接手続其他數件來束》，JCAHR：A03031129400。

申述所見所聞，則公使必向我政府陳報。之後我政府若對余有所指示，余必遵照辦理。雖徒增煩勞，但請諒察。」〔註47〕

潘蔚對西鄉的固執己見的做法，也只好無可奈何地收回自己的意見。但由於對西鄉的眞正意圖無從獲悉，又擔心日本對其他生番和土地有所企圖，不得不更加直接地叮問：「除殺害琉球人之牡丹社番地外，是否將著手處分其他番地？」〔註48〕西鄉明確地說道：「無此打算。」顯而易見這是西鄉的欺騙說法，因爲日本出兵之前就對此確立了目標，而且部隊中的殖民兵任務也很明確，大概西鄉是擔心中國事先知道日本的企圖，可能會給自己今後的行動帶來阻礙，於是採取了此種騙術。

因爲無法摸清日本特意籌劃的詭計，同時又擔心日本對領土的侵略，對於西鄉的回答難以確信，所以潘蔚再三詢問西鄉的行動是否涉及其他番社，並極力表明「我將盡全力教誨與此事無關之番人不得有粗暴之行爲」。潘蔚非常關心日軍今後的行動，對牡丹社處分所需期限、日軍的去留時間等，一一叮問日本的西鄉總督。西鄉表示不需太多時間便可解決處分行動，至於軍隊去留則要聽從本國今後的政府命令。儘管潘蔚詳細詢問了自己關心的問題，但得到的皆是模棱兩可，或是推諉迴避的答覆。

清官員耐心交涉的行動，換來的只是矇騙和搪塞，日本還是我行我素地實施自己擬定的計劃。雖然西鄉絲毫不理會潘蔚的要求和希望，但是卻對中國政府指手畫腳，要求「牡丹社處分結束前，請廣爲告知貴國人民勿有販賣彈藥等予生番之行爲」。〔註49〕

同日下午四點，西鄉、佐久間等拜訪欽差幫辦潘蔚、臺灣道臺夏獻倫，於車城寓所，席中兩名法國人在座，席間交談內容如下：雙方互致問候後，中方的一名法國顧問出示筆記問道：「據稱對卑南亦有派兵，是否確有此事？」西鄉堅決地予以否定。中方又繼續叮問：「對牡丹社問罪之處分，兩三日內即可結束否？」〔註50〕西鄉表示：「先前雖陳述，期望於近日中處置」，但又藉

〔註47〕　（日）《往七第一號西鄉都督ヨリ大隈長官へ清官來蕃二付応接手続其他數件來束》，JCAHR：A03031129400。

〔註48〕　（日）《往七第一號西鄉都督ヨリ大隈長官へ清官來蕃二付応接手続其他數件來束》，JCAHR：A03031129400。

〔註49〕　（日）《往七第一號西鄉都督ヨリ大隈長官へ清官來蕃二付応接手続其他數件來束》，JCAHR：A03031129400。

〔註50〕　（日）《往七第一號西鄉都督ヨリ大隈長官へ清官來蕃二付応接手続其他數件來束》，JCAHR：A03031129400。

口「蕃人皆逃散入山林」，推翻前言，以「日期難料」來模糊此問題。潘蔚順勢要求：「牡丹社之事交由清國處分，將兇手捕捉後交與貴軍如何？」並表示也希望：「此事宜盡速平定。」西鄉一聽中國欲收回處置的權利，忙不迭的予以否定，並表示「自我來此地著手以來，已達到今日之局面，豈能假手他人？」潘蔚見西鄉不肯放手，便退而求其次地問道：「對第三條中未來之處置方式有何高見？」西鄉則推說等「牡丹社處分結束後再處理」。對於西鄉的捉迷藏式的策略，潘蔚不得不繼續追問其處置方法，但是西鄉仍以其它藉口加以搪塞：「雖有某些概略腹案，但皆有待牡丹之事結束後視後勢而定，目前難以預告。」〔註51〕雖然潘、夏等中國官員，再三要求該牡丹社應由中國處分，且後續處理亦應由中國為之，但最後還是被西鄉斷然拒絕。

　　潘蔚試圖沿襲前次美國「羅妹號」事件的處理辦法，力爭禁止日本軍隊進入番地，在日本軍隊已經進入番地後，則採取協辦的方式應合日本人的要求。但是日本此來目的明確，就是想利用中國對番地的管理鬆懈，撈取對日本有利的結局。所以西鄉根本不接受潘蔚的協辦建議，無奈的潘蔚與夏獻綸只好為維護領土主權，單獨採取處置番民的對策。

　　6月23日，他們派縣丞周有基、千總郭占鼇進入番社，傳各社頭目來具結，使之不剽殺難民。24日早晨，除牡丹社、中社、果乃三社為了迴避日本人未到外，有十五社一百五、六十人來，皆謂日人欺凌，斷其生路請求保護。潘蔚好言安撫，承允為之做主，並犒賞銀牌、衣服等物，宣示朝廷德意，各頭目皆歡欣鼓舞，請求設官經理，永隸編氓，且均具結不敢劫殺。潘蔚將各社具結事情辦好，以為如此即可滿足日本的要求，於是致函西鄉約定時日再談，他們不曾想也不能想到日本的要求是無法滿足的。

　　西鄉見潘蔚短時間竟能聚集如此眾多的生番頭目，非常顧忌，只好於6月25日，派通事彭城中平持覆函約潘蔚在龜山日營相會。雙方以柳原前述三條件，進行談判。潘蔚問道：柳原信內三條，即貴將奉敕限辦之事，如能照辦，可以商定嗎？西鄉答道：欲辦三條，到此臺灣生蕃之地，將照柳原所云施行處分。潘蔚又問：柳原第一條所云捕前殺害我人民者誅之，查牡丹社雖害琉球人，惟該處係中國所屬，應由中國派兵辦理，現在本幫辦來議此事，先請貴中將按兵勿動。西鄉答曰：第一條辦議，其理不能解。何則？如前日

〔註51〕　（日）《往七第一號西鄉都督ヨリ大隈長官ヘ清官來蕃二付応接手續其他數件來束》，JCAHR：A03031129400。

面晤，本中將到此，及將施行處分，牡丹人埋伏於菁間，擅自阻擊我軍殺之，故不得已舉兵進擊，剿其巢窟，親視此地光景，況實非中國版圖明矣。今雲貴國派兵辦理，是何云謂？潘蔚回應道：牡丹社實係中國版圖，載在志書，歲完番餉，可以為憑。因係中國所管，故應由中國辦理。西鄉說，我聞謂版圖者，保護其人民，施其政教，況於歲完蕃餉乎？所以奉敕航海遠來，不憚艱險，將施處分也。潘蔚反駁道：湖南之瑤、貴州之苗、四川雲南之猓，皆與生蕃相類，不得不為中國版圖。因其性與人殊，難施政教，我朝廷寬大之仁，聽其生聚。〔註52〕以此為例證實臺灣生番屬於中國版圖。西鄉仍堅持番地非中國版圖的論點，潘蔚即將所帶臺灣府志拿出，從中尋出生番各社歲輸番餉之數，與各社所具切結。西鄉閱後辯駁道：生蕃非中國所管，中外各國書中俱有記載，即英國、花旗、荷蘭諸國人，亦皆有此說，並有地圖。潘蔚請其交出文獻證據，但西鄉卻拿不出。〔註53〕

　　潘蔚再以柳原所議三條與之逐一辯論，促其退兵。就第一條潘蔚問：牡丹社究竟應若何辦理？西鄉說：事已辦至半途，現派兵進山駐紮，牡丹蕃俱已逃散，擬俟其能否悔過請罪，再見機行事。潘蔚徵詢道：中國官員如令牡丹社番出來謝罪，可省貴國兵力，願意辦否？西鄉說：此等辦法甚好。三年前如能似此辦理，中國官員可不必管問。雙方就第二條也進行了商量。潘蔚說：現在各社均無此事，可毋庸議，惟貴國此來，係專辦牡丹社，其高士佛因何剿辦？西鄉答道：因初到時有兩名手下被牡丹、高士佛、裏乃三社生蕃殺害，故往剿辦。續又有兵經過竹社內，有蕃暗放鳥銃，被他打死四人。關於第三條，潘蔚說：現已傳各社番頭出具切結，以後永遠保護，不敢再有欺凌殺害搶奪情事，此事已照柳原公使所云信內辦妥，應將番頭各結由本幫辦寄與柳原公使查核。西鄉說：中國官員未到之前，所有未與相距各蕃社已商議明白，似中國可不必管。潘蔚駁斥說：此事係關中外保護，中國應行辦理。乃云我中國不必管，大不盡理。捨中國有憑之志書，謂不足信，而硬說生番各社非我所管，譬如長崎繫日本所管，我硬說非貴國轄境，有是理乎？只得另議，即當回臺灣府城。西鄉婉請再繼續商議道：此三事辦好，即可永歸和好。潘蔚說：第三條所議立約，如能辦到，以後永遠保護，不敢再有欺凌殺

〔註52〕《甲戌公牘鈔存》，第 80～81 頁。（日）《往七第一號西鄉都督ヨリ大隈長官ヘ清官來蕃二付応接手続其他數件來柬》，JCAHR：A03031129400。
〔註53〕《甲戌公牘鈔存》，第 81～82 頁。

害搶奪情事，即中外各國，均霑利益。貴中將自辦，亦不過如此。請各國公評，亦必均以為是矣。即柳原信內之意，故不必再商。現在辦定，即可告知柳原，並通知各國也。西鄉說：此事亦理所應辦。但牡丹社出來謝罪，究係如何辦法？潘蔚說：牡丹番如能悔過，以後誓不剿殺，並將前年戕害琉球人屍身交出，即算謝罪。西鄉說：此事容易辦理，惟興兵來此，費用已多，須補貼，而牡丹社能辦否？潘蔚回絕道：牡丹社俱係窮番，從何補貼？西鄉說：原共籌銀二百一十萬元，現已用去一百二十萬元，如何補貼，則以前所議三條皆屬易辦。且握有全權退兵，可以做主，而貼項未為設法。潘蔚說：貼補兵費是不體面之事，中國不能辦理。既係貴國擅行興兵前來，更無補貼之理。貴中將應先將各社之兵調回勿動，並知照貴國以後不必添兵前來。西鄉應允，並承諾將致書與柳原報告。〔註54〕

三、清政府欽差潘蔚與西鄉從道的再交涉

　　26 日午前九時，雙方的交涉繼續進行。西鄉先對潘蔚上次版圖之說，提出辯詞，堅稱自己不知中國內地「如瑤苗猺之類」，只知牡丹蕃這樣的地方，並非「貴國之版圖」，而且證據很多。本國考慮到蕃地接近中國邊境，所以為了兩國友好，特意用書信通報閩浙總督。

　　潘蔚繼續以臺灣府志證明生番歸屬中國的事實，他說：琅𡷫十八社歸化為中國所管，記載於臺灣府志，是最有說服力的證據。如果貴中將說久聞非中國版圖證據頗多，不妨略舉一二加以說明。西鄉見潘蔚追究證據，只好又借各國的記載為據，反駁中國的番地所屬論，並表現出有些不厭煩的表情，對潘蔚說：「不可虛度時日宜就實地理事速辦之」。〔註55〕

　　潘蔚進一步追問並要求西鄉拿出證據，西鄉不屑一顧的強調，書籍上的記載不如親眼所見，根本不理睬潘蔚所提證據之說，潘蔚見第一條無法繼續交涉下去，只好轉入第三條的交涉。

　　西鄉強調日軍已經行動半途，接下來的事情要視牡丹番「能否出來悔過請罪見機行事」。〔註56〕於是潘蔚徵詢西鄉後事交由中國辦理的可行性，西鄉

〔註54〕《甲戌公牘鈔存》，第 82～83 頁。
〔註55〕（日）《往七第一號西鄉都督ヨリ大隈長官ヘ清官來蕃ニ付応接手續其他數件來來》，JCAHR：A03031129400。
〔註56〕（日）《往七第一號西鄉都督ヨリ大隈長官ヘ清官來蕃ニ付応接手續其他數件來來》，JCAHR：A03031129400。

予以回絕，並帶有埋怨的語氣說：「前年如有此辦法最好」，但是現在「事已辦至半途應歸我一手辦理」此時「貴國官可不必管」。西鄉回絕得可謂堅決而又徹底，而且似乎是因為中國未能及時處理，日本現在具備充分的理由獨立處理此事。

潘蔚在第一條和第三條交涉無法進行的情況下，又試圖在第二條有所進展。潘蔚對西鄉仍以抗拒為敵做藉口殺戮番民的行徑提出質疑，「現在各社均無此事可無庸議」，又「因何剿辦」？西鄉又以生蕃殺害日軍為由予以回復。潘蔚表示已按柳原所說，與番民立約為據，「已傳各社番頭出具切結」，如此似乎事情可以結束。但是西鄉則對此根本不予理睬，妄稱「貴國官員未到之前所有未抗拒各蕃社已與商議明白」。潘蔚認為中國已經按日本要求，做到了本國應做的事情，即便西鄉不予肯定，再節外生枝，各國也不會坐視不管，「請各國公評亦必均以為然事」。西鄉對於潘蔚的一番話，非但不理睬，反而還污蔑潘蔚做法欠妥，「我兵力懾服各蕃既辨明其事」，何勞潘大人再次辦理，況且要辦理也應該先和我商量後再辦。並且揚言即使告之柳原也不足信，所以拒絕中國參與此事。顯而易見，這種無理狡三分的詭辯，完全是一派顛倒黑白的胡言。

下午，潘蔚詢問西鄉對三條是否還有言猶未盡之處。此時西鄉道出了以賠償了結事情的端倪，他指出：「此事自前年以來已耗用眾多財物，率領數千兵士剿滅凶蕃巢窟，以至今日之地步。將來處分結束時，勢必面對償還費用一途」，而且把話題仍給了潘蔚，自己卻不明確的表示，反倒成了「大人如有高見，請示教」。〔註 57〕潘蔚回應說：「若由中國處分，捕其凶徒誅之，男女老少無罪者懷柔之，此可謂臺灣府道臺職責所在。」〔註 58〕又與夏獻綸商議了一番後補充說：「令凶徒謝罪，警備防範日後，起出藏於番地之琉球人屍體，並令其歸還，應予以寬大處分。」〔註 59〕

西鄉則對此不予贊成，他主張「所以寬大必須有相對合理之措施，然而所謂合理者，如前述我國大興兵師，耗費財物，折損兵員之處不在少數，其

〔註 57〕 （日）《往七第一號西鄉都督ヨリ大隈長官へ清官來蕃二付応接手続其他數件來束》，JCAHR：A03031129400。

〔註 58〕 （日）《往七第一號西鄉都督ヨリ大隈長官へ清官來蕃二付応接手続其他數件來束》，JCAHR：A03031129400。

〔註 59〕 （日）《往七第一號西鄉都督ヨリ大隈長官へ清官來蕃二付応接手続其他數件來束》，JCAHR：A03031129400。

償還之道大人可有高見？」鑒於剛才自己提到的補償問題未引起潘蔚的反應，西鄉再次提出此問題，引誘潘蔚做出賠償的表示。經過潘蔚的叮問，西鄉終於說出「若採取凶蕃謝罪一途，則必須向蕃地要求賠償費用，」〔註60〕夏獻綸對此表示不解，「牡丹番地人口僅二百餘人，其所有財務惟有家畜及數畝田園，焉能償還此大軍之費用？」

潘尉見狀催促西鄉講出真正的意圖：「談論迄今，彼此皆尚未表達真意，所幸並無其他閒雜人員，如今彼此應吐露肺腑之言。此時若以國事公函即難以辦理，視為餐敘之間友好親善之交談如何？」〔註61〕

通過上面的交談，潘蔚已然知道西鄉的索取賠償的算盤，為了瞭解日本的胃口，潘蔚繼續詢問日本行動費用情況。西鄉以盼望快速解決問題的語氣表示，「今日立即撤兵，費用尚不至太多」，但是「若此後再長此以往，兵員之俸給及其他種種費用勢必不少」，又誇大其詞地透漏了費用「大約二百一十餘萬美元」。〔註62〕潘蔚趕緊叮問至今為止的花費，西鄉答以「已核銷之花費約一百二十萬美元」，於是潘問夏，依匯率換算中國銀元為若干？夏獻綸告之一百美元等於七十兩清銀，大約為八十餘萬兩。潘蔚立刻做出表態，「此事我等三人均將考慮，回府城咨請沈欽差大臣後再與柳原大人商議。」同時也要求日本「應立即停止派遣後續軍隊，已抵達此地之軍隊應按兵不動。」〔註63〕西鄉接受了潘蔚的建議。潘蔚又以中日曆來友好相處，規勸日本不要被他國所離間，他說：「貴國臨近我國，自古來未曾有過挑釁事端，與其他各國相比，貴我兩國唇齒相依，既已互結友好，遵奉條約，更應敦睦友情。然而洋人動輒有以離間伎倆從中慫惡之傾向，彼此不可陷入其計謀中。今兩國若生不和，對彼此將大為不利，望請多加注意。」〔註64〕

其實，日本此次行動固然是外國人深入參與其中，特別是李仙得自始如

〔註60〕（日）《往七第一號西鄉都督ヨリ大隈長官へ清官來蕃ニ付応接手続其他數件來束》，JCAHR：A03031129400。

〔註61〕（日）《往七第一號西鄉都督ヨリ大隈長官へ清官來蕃ニ付応接手続其他數件來束》，JCAHR：A03031129400。

〔註62〕（日）《往七第一號西鄉都督ヨリ大隈長官へ清官來蕃ニ付応接手続其他數件來束》，JCAHR：A03031129400。

〔註63〕（日）《往七第一號西鄉都督ヨリ大隈長官へ清官來蕃ニ付応接手続其他數件來束》，JCAHR：A03031129400。

〔註64〕（日）《往七第一號西鄉都督ヨリ大隈長官へ清官來蕃ニ付応接手続其他數件來束》，JCAHR：A03031129400。

影隨形，對日本的行動影響極大，但更重要的是日本國內的改革所致。日本的明治維新，促使其對國際關係準則的認識發生徹底變化，本國國家利益被格外的強化，特別是領土和安全問題被極端重視起來，而且處理方式亦發生質的變化，所以日本毅然決然地採取了此次行動。此時的中國官員是難以瞭解到此種變化的，還是沿用以往的方式，去思考和處理新形勢下的中日關係，把邊境安全視為主要目標，來處理已經變化了的東亞國際關係。潘蔚還自我就範地指出此次問題的責任在於中國，「貴國有此舉實因我國政令有所不及所致」，同時還表明「貴國之意又何僅止於牡丹社乎？此點我心亦知」。〔註65〕

如果中日關係雙方都像以往互諒互讓的方式，如此自責也許會換來對方的理解和謙讓，但此時的日本已非昨日的日本，現在仍沿用此法只能換來日本的得寸進尺。7月21日（舊曆六月初八日），沈葆楨和潘蔚對於交涉情況向中央政府作了彙報。〔註66〕經過資料對比可以發現，雙方對於此次交涉事實的記載基本相同。

縱觀此次交涉，也可以說取得了一定的成果。由於日兵軍事活動費用巨大，西鄉提出了補貼軍費作為結束此次行動的辦法，不再反復討論出兵事由，不再增兵前來。接下來似乎中日間的外交應該進入如何賠償和賠償數量上的交涉，但後來柳原對此結果並不滿意，因為距離他的預期目標，以及日本政府的最初計劃相差太遠，所以柳原推說西鄉不負責外交為由，予以否定，完全推翻了西鄉與潘蔚達成的一致意見。

小結

日本不顧各國的反對和清政府的反對出兵臺灣東部，其目的是為了釐清琉球與中國的關係，也是為了開拓海外的第一塊殖民地，故在其平定牡丹社事件後，便要求派員進行實地調查，並打算開發臺灣番地。但要取得臺灣番地，必須得到清政府的認可。故西鄉在與清政府談判時，頑固地以國際法為己狡辯，聲稱既然清官員說臺灣番地為「化外」，即符合國際法上的「無主之地」概念，也就是在清政府實際統治之外，而日本出兵也有先例可循，並提出三個條件，來掩飾真正的目的，一方面曖昧地宣稱不破壞兩國關係，並將

〔註65〕　（日）《往七第一號西鄉都督ヨリ大隈長官ヘ清官來蕃ニ付応接手續其他數件來束》，JCAHR：A03031129400。

〔註66〕　《籌辦夷務始末》同治朝，卷九五，第3～5頁。

談判的行動推託給柳原。而清政府官員不知道日本出兵之眞實目的，爲了求得事情的儘早解決，放棄了繼續和柳原辯論日本出兵理由的交涉，天眞地認爲如能達成日本的三項條件，對方自然會撤兵回國，當然無需再多加辯論，於是開始爲滿足三項條件的努力。特別是西鄕又提出補貼軍費作爲結束此次行動的辦法，使清政府官員錯誤地認爲，不需要再反復討論出兵事由，也不需要再增兵前來，只要滿足三項條件，並按先例給予一定撫恤，就可以使日軍撤退，這又步入了日本人設置的圈套，自我丟棄了本來正當的交涉理由，造成了爲滿足對方的要求而努力的被動局面。